興味の尽きることのない漢字学習

漢字文化圏の人々だけではなく、
世界中に日本語研究をしている人が数多くいます。
漢字かなまじり文は、独特の形を持ちながら
伝統ある日本文化を支え、
伝達と文化発展の基礎となってきました。
その根幹は漢字。
一字一字を調べていくと、
その奥深さに心打たれ、興味がわいてきます。
漢字は、生涯かけての
勉強の相手となるのではないでしょうか。

「漢検」級別 主な出題内容

10級 …対象漢字数 80字
漢字の読み／漢字の書取／筆順・画数

9級 …対象漢字数 240字
漢字の読み／漢字の書取／筆順・画数

8級 …対象漢字数 440字
漢字の読み／漢字の書取／部首・部首名／筆順・画数／送り仮名／対義語／同じ漢字の読み

7級 …対象漢字数 642字
漢字の読み／漢字の書取／部首・部首名／筆順・画数／送り仮名／対義語／同音異字／三字熟語

6級 …対象漢字数 835字
漢字の読み／漢字の書取／部首・部首名／筆順・画数／送り仮名／対義語・類義語／同音・同訓異字／三字熟語／熟語の構成

5級 …対象漢字数 1026字
漢字の読み／漢字の書取／部首・部首名／筆順・画数／送り仮名／対義語・類義語／同音・同訓異字／誤字訂正／四字熟語／熟語の構成

4級 …対象漢字数 1339字
漢字の読み／漢字の書取／部首・部首名／送り仮名／対義語・類義語／同音・同訓異字／誤字訂正／四字熟語／熟語の構成

3級 …対象漢字数 1623字
漢字の読み／漢字の書取／部首・部首名／送り仮名／対義語・類義語／同音・同訓異字／誤字訂正／四字熟語／熟語の構成

準2級 …対象漢字数 1951字
漢字の読み／漢字の書取／部首・部首名／送り仮名／対義語・類義語／同音・同訓異字／誤字訂正／四字熟語／熟語の構成

2級 …対象漢字数 2136字
漢字の読み／漢字の書取／部首・部首名／送り仮名／対義語・類義語／同音・同訓異字／誤字訂正／四字熟語／熟語の構成

準1級 …対象漢字数 約3000字
漢字の読み／漢字の書取／故事・諺／対義語・類義語／同音・同訓異字／誤字訂正／四字熟語

1級 …対象漢字数 約6000字
漢字の読み／漢字の書取／故事・諺／対義語・類義語／同音・同訓異字／誤字訂正／四字熟語

※ここに示したのは出題分野の一例です。毎回すべての分野から出題されるとは限りません。また、このほかの分野から出題されることもあります。

日本漢字能力検定採点基準 最終改定：平成25年4月1日

❶ 採点の対象
筆画を正しく、明確に書かれた字を採点の対象とし、くずした字や、乱雑に書かれた字は採点の対象外とする。

❷ 字種・字体
① 2～10級の解答は、内閣告示「常用漢字表」（平成二十二年）による。ただし、旧字体での解答は正答とは認めない。
② 1級および準1級の解答は、『漢検要覧 1／準1級対応』（公益財団法人日本漢字能力検定協会発行）に示す「標準字体」「許容字体」「旧字体一覧表」による。

❸ 読み
① 2～10級の解答は、内閣告示「常用漢字表」（平成二十二年）による。
② 1級および準1級の解答には、①の規定は適用しない。

❹ 仮名遣い
仮名遣いは、内閣告示「現代仮名遣い」による。

❺ 送り仮名
送り仮名は、内閣告示「送り仮名の付け方」による。

❻ 部首
部首は、『漢検要覧 2～10級対応』（公益財団法人日本漢字能力検定協会発行）収録の「部首一覧表と部首別の常用漢字」による。

❼ 筆順
筆順の原則は、文部省編『筆順指導の手びき』（昭和三十三年）による。常用漢字一字一字の筆順は、『漢検要覧 2～10級対応』収録の「常用漢字の筆順一覧」による。

❽ 合格基準

級	満点	合格
1級／準1級／2級	二〇〇点	八〇％程度
準2級／3級／4級／5級／6級／7級	二〇〇点	七〇％程度
8級／9級／10級	一五〇点	八〇％程度

※部首、筆順は『漢検 漢字学習ステップ』など公益財団法人日本漢字能力検定協会発行図書でも参照できます。

日本漢字能力検定審査基準

10級

程度　小学校第1学年の学習漢字を理解し、文や文章の中で使える。

領域・内容

《読むことと書くこと》　小学校学年別漢字配当表の第1学年の学習漢字を読み、書くことができる。

《筆順》　点画の長短、接し方や交わり方、筆順および総画数を理解している。

9級

程度　小学校第2学年までの学習漢字を理解し、文や文章の中で使える。

領域・内容

《読むことと書くこと》　小学校学年別漢字配当表の第2学年までの学習漢字を読み、書くことができる。

《筆順》　点画の長短、接し方や交わり方、筆順および総画数を理解している。

8級

程度　小学校第3学年までの学習漢字を理解し、文や文章の中で使える。

領域・内容

《読むことと書くこと》　小学校学年別漢字配当表の第3学年までの学習漢字を読み、書くことができる。

- 音読みと訓読みとを理解していること
- 送り仮名に注意して正しく書けること（食べる、楽しい、後ろ　など）
- 対義語の大体を理解していること（勝つ―負ける、重い―軽い　など）
- 同音異字を理解していること（反対、体育、期待、太陽　など）

《筆順》　筆順、総画数を正しく理解している。

《部首》　主な部首を理解している。

7級

程度　小学校第4学年までの学習漢字を理解し、文章の中で正しく使える。

領域・内容

《読むことと書くこと》　小学校学年別漢字配当表の第4学年までの学習漢字を読み、書くことができる。

- 音読みと訓読みとを正しく理解していること
- 送り仮名に注意して正しく書けること（等しい、短い、流れる　など）
- 熟語の構成を知っていること
- 対義語の大体を理解していること（入学―卒業、成功―失敗　など）
- 同音異字を理解していること（健康、高校、公共、外交　など）

《筆順》　筆順、総画数を正しく理解している。

《部首》　部首を理解している。

6級

程度　小学校第5学年までの学習漢字を理解し、文章の中で漢字が果たしている役割を知り、正しく使える。

領域・内容

《読むことと書くこと》　小学校学年別漢字配当表の第5学年までの学習漢字を読み、書くことができる。

- 音読みと訓読みとを正しく理解していること
- 送り仮名や仮名遣いに注意して正しく書けること（求める、失うなど）
- 熟語の構成を知っていること（上下、絵画、大木、読書、不明　など）
- 対義語、類義語の大体を理解していること（禁止―許可、平等―均等など）
- 同音・同訓異字を正しく理解していること

《筆順》　筆順、総画数を正しく理解している。

《部首》　部首を理解している。

5級

程度　小学校第6学年までの学習漢字を理解し、文章の中で漢字が果たしている役割に対する知識を身に付け、漢字を文章の中で適切に使える。

領域・内容

《読むことと書くこと》　小学校学年別漢字配当表の第6学年までの学習漢字を読み、書くことができる。

- 音読みと訓読みとを正しく理解していること
- 送り仮名や仮名遣いに注意して正しく書けること
- 熟語の構成を知っていること
- 対義語、類義語を正しく理解していること
- 同音・同訓異字を正しく理解していること

《四字熟語》　四字熟語を正しく理解している（有名無実、郷土芸能　など）。

《筆順》　筆順、総画数を正しく理解している。

《部首》　部首を理解し、識別できる。

4級

程度　常用漢字のうち約1300字を理解し、文章の中で適切に使える。

領域・内容

《読むことと書くこと》　小学校学年別漢字配当表のすべての漢字と、その他の常用漢字約300字の読み書きを習得し、文章の中で適切に使える。

- 音読みと訓読みとを正しく理解していること
- 送り仮名や仮名遣いに注意して正しく書けること
- 熟語の構成を正しく理解していること
- 熟字訓、当て字を理解していること（小豆／あずき、土産／みやげなど）
- 対義語、類義語、同音・同訓異字を正しく理解していること

《四字熟語》　四字熟語を理解している。

《部首》　部首を識別し、漢字の構成と意味を理解している。

3級

程度　常用漢字のうち約1600字を理解し、文章の中で適切に使える。

領域・内容

《読むことと書くこと》　小学校学年別漢字配当表のすべての漢字と、その他の常用漢字約600字の読み書きを習得し、文章の中で適切に使える。

- 音読みと訓読みとを正しく理解していること
- 送り仮名や仮名遣いに注意して正しく書けること
- 熟語の構成を正しく理解していること
- 熟字訓、当て字を理解していること（乙女／おとめ、風邪／かぜ　など）
- 対義語、類義語、同音・同訓異字を正しく理解していること

《四字熟語》　四字熟語を理解している。

《部首》　部首を識別し、漢字の構成と意味を理解している。

※常用漢字とは、平成22年（2010年）11月30日付内閣告示による「常用漢字表」に示された2136字をいう。

準2級

程度　常用漢字のうち1951字を理解し、文章の中で適切に使える。

領域・内容

《読むことと書くこと》　1951字の漢字の読み書きを習得し、文章の中で適切に使える。

- 音読みと訓読みとを正しく理解していること
- 送り仮名や仮名遣いに注意して正しく書けること
- 熟語の構成を正しく理解していること
- 熟字訓、当て字を理解していること（硫黄／いおう、相撲／すもう　など）
- 対義語、類義語、同音・同訓異字を正しく理解していること

《四字熟語》　典拠のある四字熟語を理解している（驚天動地、孤立無援　など）。

《部首》　部首を識別し、漢字の構成と意味を理解している。

※ 1951字とは、昭和56年（1981年）10月1日付内閣告示による旧「常用漢字表」の1945字から「勺」「錘」「銑」「脹」「匁」の5字を除いたものに、現行の「常用漢字表」のうち、「茨」「媛」「岡」「熊」「埼」「鹿」「栃」「奈」「梨」「阪」「阜」の11字を加えたものを指す。

2級

程度　すべての常用漢字を理解し、文章の中で適切に使える。

領域・内容

《読むことと書くこと》　すべての常用漢字の読み書きに習熟し、文章の中で適切に使える。

- 音読みと訓読みとを正しく理解していること
- 送り仮名や仮名遣いに注意して正しく書けること
- 熟語の構成を正しく理解していること
- 熟字訓、当て字を理解していること（海女／あま、玄人／くろうと　など）
- 対義語、類義語、同音・同訓異字などを正しく理解していること

《四字熟語》　典拠のある四字熟語を理解している（鶏口牛後、呉越同舟　など）。

《部首》　部首を識別し、漢字の構成と意味を理解している。

準1級

程度　常用漢字を含めて、約3000字の漢字の音・訓を理解し、文章の中で適切に使える。

領域・内容

《読むことと書くこと》　常用漢字の音・訓を含めて、約3000字の漢字の読み書きに慣れ、文章の中で適切に使える。

- 熟字訓、当て字を理解していること
- 対義語、類義語、同音・同訓異字などを理解していること
- 国字を理解していること（峠、凧、畠　など）
- 複数の漢字表記について理解していること（國－国、交叉－交差　など）

《四字熟語・故事・諺》　典拠のある四字熟語、故事成語・諺を正しく理解している。

《古典的文章》　古典的文章の中での漢字・漢語を理解している。

※ 約3000字の漢字は、JIS第一水準を目安とする。

1級

程度　常用漢字を含めて、約6000字の漢字の音・訓を理解し、文章の中で適切に使える。

領域・内容

《読むことと書くこと》　常用漢字の音・訓を含めて、約6000字の漢字の読み書きに慣れ、文章の中で適切に使える。

- 熟字訓、当て字を理解していること
- 対義語、類義語、同音・同訓異字などを理解していること
- 国字を理解していること（怺える、毟る　など）
- 地名・国名などの漢字表記（当て字の一種）を知っていること
- 複数の漢字表記について理解していること（鹽－塩、颱風－台風　など）

《四字熟語・故事・諺》　典拠のある四字熟語、故事成語・諺を正しく理解している。

《古典的文章》　古典的文章の中での漢字・漢語を理解している。

※ 約6000字の漢字は、JIS第一・第二水準を目安とする。

※常用漢字とは、平成22年（2010年）11月30日付内閣告示による「常用漢字表」に示された2136字をいう。

個人受検を申し込まれる皆さまへ

協会ホームページのご案内

検定に関する最新の情報（申込方法やお支払い方法など）は、公益財団法人 日本漢字能力検定協会ホームページ https://www.kanken.or.jp/ をご確認ください。

なお、下記の二次元コードから、ホームページへ簡単にアクセスできます。

受検規約について

受検を申し込まれる皆さまは、「日本漢字能力検定 受検規約（漢検PBT）」の適用があることを同意のうえ、検定の申し込みをしてください。受検規約は協会のホームページでご確認いただけます。

1 受検級を決める

受検資格 制限はありません

実施級 1、準1、2、準2、3、4、5、6、7、8、9、10級

検定会場 全国主要都市約170か所に設置（実施地区は検定の回ごとに決定）

検定時間 ホームページにてご確認ください。

2 検定に申し込む

インターネットにてお申し込みください。

注意

①家族・友人と同じ会場での受検を希望する方は、検定料のお支払い完了後、申込締切日の2営業日後までに協会（お問い合わせフォーム）までお知らせください。

②障がいがあるなど、身体的・精神的な理由により、受検上の配慮を希望される方は、申込締切日までに協会（お問い合わせフォーム）までご相談ください（申込締切日以降のお申し出には対応できかねます）。

③申込締切日以降は、受検級・受検地を含む内容変更および取り消し・返金は、いかなる場合もできません。また、次回以降の振り替え、団体受検や漢検CBTへの変更もできません。

団体受検の申し込み

自分の学校や企業などの団体で志願者が一定以上集まると、団体単位で受検の申し込みができる「団体受検」という制度もあります。団体受検申込を扱っているかどうかは先生や人事関係の担当者に確認してください。

3 受検票が届く

受検票は検定日の約1週間前から順次お届けします。

注意

①1、準1、2、準2級の方は、後日届く受検票に顔写真（タテ4㎝×ヨコ3㎝、6か月以内に撮影、上半身無帽、正面）を貼り付け、会場に当日持参してください。（当日回収・返却不可）

②3級～10級の方は顔写真は不要です。

4 検定日当日

持ち物　受検票、鉛筆（HB、B、2Bの鉛筆またはシャープペンシル）、消しゴム

※ボールペン、万年筆などの使用は認められません。ルーペ持ち込み可。

注意

①会場への車での来場（送迎を含む）は、交通渋滞の原因や近隣の迷惑になりますので固くお断りします。

②検定開始時刻の15分前を目安に受検教室までお越しください。答案用紙の記入方法などを説明します。

③携帯電話やゲーム、電子辞書などは、電源を切り、かばんにしまってから入場してください。

④検定中は受検票を机の上に置いてください。

⑤答案用紙には、あらかじめ名前や生年月日などが印字されています。

⑥検定日の約5日後に漢検ホームページにて標準解答を公開します。

5 合否の通知

検定日の約40日後に、受検者全員に「検定結果通知」を郵送します。合格者には「合格証書」・「合格証明書」を同封します。欠席者には検定問題と標準解答をお送りします。

受検票は検定結果が届くまで大切に保管してください。

進学・就職に有利！
合格者全員に合格証明書発行

大学・短大の推薦入試の提出書類に、また就職の際の履歴書に添付してあなたの漢字能力をアピールしてください。合格者全員に、合格証書と共に合格証明書を2枚、無償でお届けいたします。

合格証明書が追加で必要な場合は有償で再発行できます。

申請方法はホームページにてご確認ください。

お問い合わせ窓口

電話番号　フリーコール　**0120-509-315**（無料）

（海外からはご利用いただけません。
ホームページよりメールでお問い合わせください。）

お問い合わせ時間　月～金　9時00分～17時00分

（祝日・お盆・年末年始を除く）

※公開会場検定日とその前日の土曜は開設

※検定日は9時00分～18時00分

メールフォーム　https://www.kanken.or.jp/kanken/contact/

「漢検」受検の際の注意点

【字の書き方】

問題の答えは楷書で大きくはっきり書きなさい。乱雑な字や続け字、また、行書体や草書体のようにくずした字は採点の対象とはしません。

特に漢字の書き取り問題では、答えの文字は教科書体をもとにして、はねるところ、とめるところなどもはっきり書きましょう。また、画数に注意して、一画一画を正しく、明確に書きなさい。

《例》

〇熱　×熱

〇言　×言

〇糸　×糸

【字種・字体について】

(1)日本漢字能力検定2～10級においては、「常用漢字表」に示された字種で書きなさい。つまり、表外漢字（常用漢字表にない漢字）を用いると、正答とは認められません。

《例》

〇交差点　×交叉点　**（「叉」が表外漢字）**

〇寂しい　×淋しい　**（「淋」が表外漢字）**

(2)日本漢字能力検定2～10級においては、「常用漢字表」に示された字体で書きなさい。なお、「常用漢字表」に参考として示されている康熙《こうき》字典体など、旧字体と呼ばれているものを用いると、正答とは認められません。

《例》

〇真　×眞

〇渉　×涉

〇飲　×飮

〇迫　×迫

〇弱　×弱

(3)一部例外として、平成22年告示「常用漢字表」で追加された字種で、許容字体として認められているものや、その筆写文字と印刷文字との差が習慣の相違に基づくとみなせるものは正答と認めます。

《例》

餌 ➡ 餌　と書いても可

遜 ➡ 遜　と書いても可

葛 ➡ 葛　と書いても可

溺 ➡ 溺　と書いても可

箸 ➡ 箸　と書いても可

注意

(3)において、どの漢字が当てはまるかなど、一字一字については、当協会発行図書（2級対応のもの）掲載の漢字表で確認してください。

公益財団法人 日本漢字能力検定協会

漢検

漢検 過去問題集

準2級

漢検 公益財団法人 日本漢字能力検定協会

●本書に関するアンケート●

今後の出版事業に役立てたいと思いますので、アンケートにご協力ください。抽選で粗品をお送りします。

◆PC・スマートフォンの場合

下記 URL、または二次元コードから回答画面に進み、画面の指示に従ってお答えください。

https://www.kanken.or.jp/kanken/textbook/past.html

◆愛読者カード（ハガキ）の場合

本書挟み込みのハガキに切手を貼《は》り、お送りください。

目次

□この本の構成と使い方……4
□「漢検」受検Q&A……6
□準2級 試験問題……15
試験問題 1……16
試験問題 2……20
試験問題 3……24
試験問題 4……28
試験問題 5……32
試験問題 6……36
試験問題 7……40
試験問題 8……44
試験問題 9……48
試験問題 10……52
試験問題 11……56
試験問題 12……60
試験問題 13……64

付録
2級 試験問題……68
答案用紙……72

資料
常用漢字表 付表……76
都道府県名……79

【巻末】準2級答案用紙実物大見本

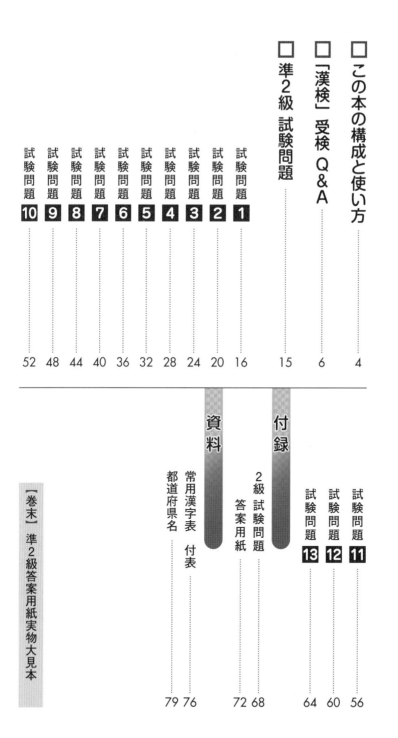

この本の構成と使い方

この本は、2021・2022年度に実施した日本漢字能力検定（漢検）準2級の試験問題と、その標準解答を収録したものです。

さらに、受検のためのQ&A、答案用紙の実物大見本、合格者平均得点など、受検にあたって知っておきたい情報を収めました。

□「漢検」受検Q&A

検定当日の注意事項や、実際の答案記入にあたって注意していただきたいことをまとめました。

□試験問題（13回分）

2021・2022年度に実施した試験問題のうち13回分を収録しました。問題1回分は見開きで4ページです。

準2級は200点満点、検定時間は60分です。時間配分に注意しながら、合格のめやすである70％程度正解を目標として取り組んでください。

□資料

「常用漢字表　付表」と「都道府県名」の一覧を掲載しました。

試験問題・標準解答は段ごとに右ページから左ページへ続けてご覧ください。

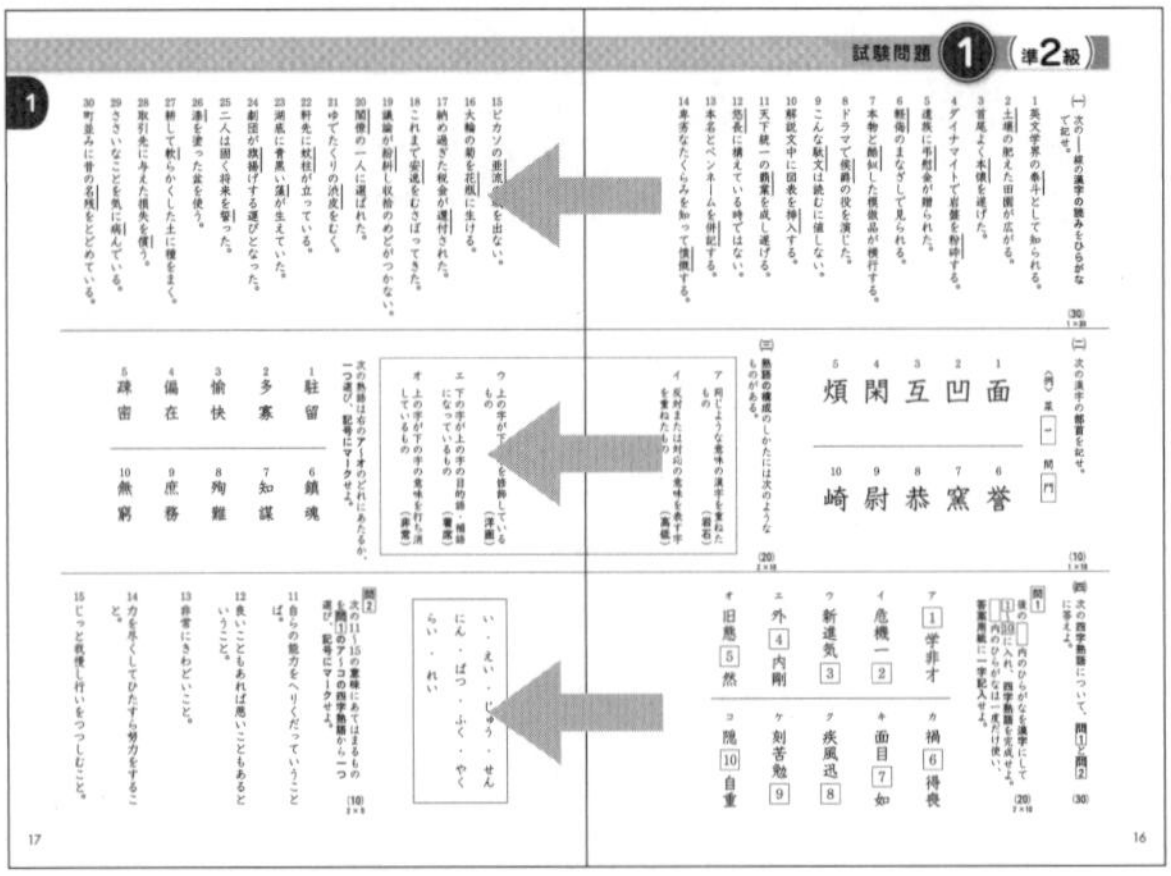

□答案用紙実物大見本

巻末には、検定で使う実物とほぼ同じ大きさ・用紙の答案用紙を収録。実際の解答形式に慣れることができます。問題は不許複製ですが、答案用紙実物大見本はコピーをしてお使いください。

また、日本漢字能力検定協会ホームページからもダウンロードできます。

https://www.kanken.or.jp/kanken/textbook/past.html

□別冊・標準解答

各問題の標準解答は、別冊にまとめました。1回分は見開きで2ページです。

また、試験問題**1**～**11**の解答には、(一)(二)(三)……の大問ごとに合格者平均得点をつけました。難易のめやすとしてお役立てください。

□データでみる「漢検」

「漢検」受検者の年齢層別割合・設問項目別正答率を掲載しました。

●巻頭―カラー口絵

主な出題内容、採点基準、および審査基準などを掲載。

●付録―2級の試験問題・答案用紙・標準解答

2級の試験問題・答案用紙1回分を、準2級の試験問題の後に収録（標準解答は別冊に収録）。

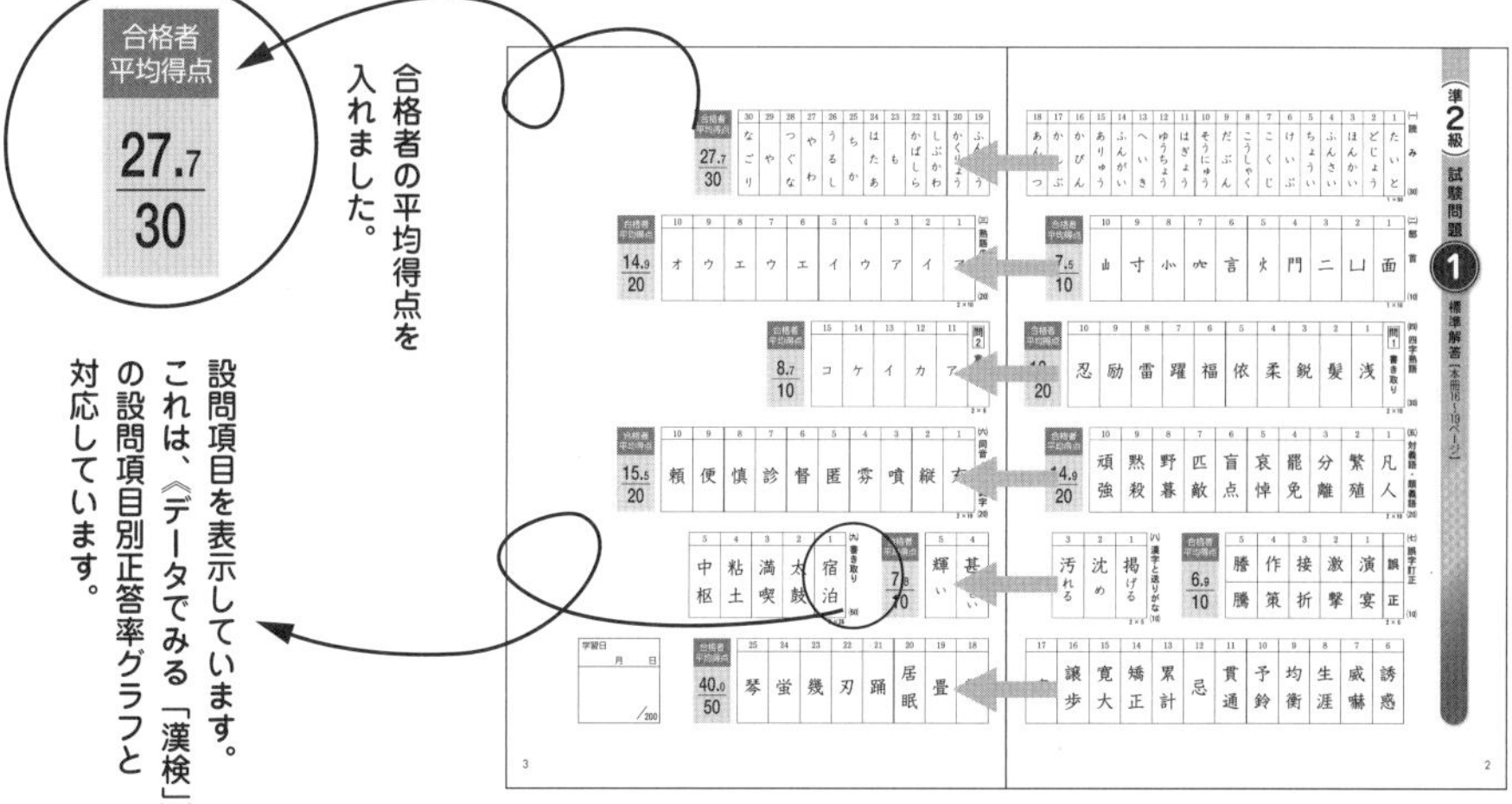
合格者平均得点
27.7
30
合格者の平均得点を入れました。
設問項目を表示しています。これは、《データでみる「漢検」》の設問項目別正答率グラフと対応しています。
準2級 試験問題 1 標準解答

「漢検」受検 Q＆A

●検定当日について

Q 検定当日の持ち物は？

A 鉛筆またはシャープペンシル（HB・B・2B）、消しゴム、受検票（公開会場の場合。写真が必要です）を必ず持参してください。ボールペンや万年筆、こすって消せるペン（摩擦熱で無色になる特殊なインクを使ったペン）などの使用は認められません。

印刷されている文字が小さくて見えにくい方は、ルーペ（拡大鏡）を使ってもかまいません。

また、時間の確認のため、腕時計を持参してもかまいません。ただし、携帯電話を時計代わりに使うことはできません。検定会場内で携帯電話やその他電子機器を使用すると、不正行為とみなされ失格となります。

●答案について

Q 標準解答の見方は？

A 例

無粋	ぶんぴ
不粋	ぶんぴつ

「無粋」「不粋」どちらでも正解とします。

「ぶんぴ」「ぶんぴつ」どちらでも正解とします。

Q 標準解答に、複数の答えが示されている場合、そのすべてを答えないと正解にならないのか？

A 標準解答に、複数の答えが示されている場合、そのうちどれか一つが正しく書けていれば正解とします。すべてを書く必要はありません。

なお、答えを複数書いた場合、そのなかの一つでも間違っていれば不正解としますので、注意してください。

例 問題 次の——線の漢字の読みをひらがなで記せ。

現在の地位に執着する。

標準解答 しゅうじゃく しゅうちゃく

解答例
しゅうじゃく……○
しゅうちゃく……○
しゅうじゃく しゅうちゃく……○
しっちゃく しゅうちゃく……×

Q 答えを漢字で書く際に注意することは？

A 漢字は、楷書で丁寧に、解答欄内に大きくはっきりと書いてください。くずした字や乱雑な字などは採点の対象外とします(※)。教科書体を参考にして、はねるところ、とめるところなどもはっきり書きましょう。

特に、次に示す点に注意してください。

①画数を正しく書く

例 様…○ 様…× 糸…○ 糸…×
話…○ 話…× 昼…○ 昼…×

②字の骨組みを正しく書く

例 堂…○ 堂…× 踏…○ 踏…×
独…○ 独…× 想…○ 想…×

③突き出るところ、突き出ないところを正しく書く

例 車…○　車…×　降…○　降…×

角…○　角…×　重…○　重…×

④字の組み立てを正しく書く

例 潔…○　潔…×　落…○　落…×

染…○　染…×　薄…○　薄…×

⑤一画ずつ丁寧に書く

例 池…○　池…×　鳥…○　鳥…×

改…○　改…×　戦…○　戦…×

⑥よく似た別の字（または字の一部分）と区別がつくように書く

例 土／士　未／末

壬／王　干／千

（※）採点の対象外とする字とは？

自分だけが読み取れれば良いメモなどとは違い、検定では誰が見ても正しく読み取れる字を書かなければ正解とはなりません。

くずした字や乱雑な字など、字体（文字の骨組み）が読み取れない字は採点の対象外とし、不正解とします。また、答案用紙は機械で読み取るため、機械が読み取らないほど薄い字も、採点の対象外です。

●採点の対象外とする字の例

・細部が潰れている字

例 優…○　優…×　曜…○　曜…×

輸…○　輸…×　厳…○　厳…×

・続け字

例 銀…○ 銀…× 細…○ 細…×

顔…○ 顔…× 試…○ 試…×

・小さい字（周りの四角は解答欄を表す）

例 確…○ 確…×

悲…○ 悲…×

・消したかどうかわからない部分がある字

例 暴…○ 暴…× 垂…○ 垂…×

休…○ 休…× 専…○ 専…×

・不要な部分がある字

例 危…○ 危…× 水…○ 水…×

属…○ 属…× 糸…○ 糸…×

Q 答えをひらがなで書く際に注意することは？

A 漢字を書くときと同様に、楷書で丁寧に書いてください。特に、次に示す点に注意してください。

①バランスがくずれると区別がつきにくくなる字は、区別がつくように丁寧に書く

例 い／り か／や く／し

て／へ ゆ／わ い／こ

②拗音《ようおん》「ゃ」「ゅ」「ょ」や促音《そくおん》「っ」は小さく右に寄せて書く

例 いしゃ…○ いしや…×

がっこう…○ がつこう…×

③濁点「゛」や半濁点「゜」をはっきり書く

例 が…○ が…× が…×

ぱ…○ ば…× ば…×

④一画ずつ丁寧に書く

例 な…○ な…× ふ…○ ふ…×

う…○ う…× も…○ も…×

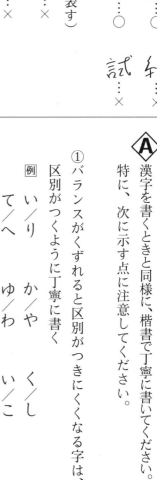

Q 2～10級の検定で、旧字体や「常用漢字表」に示されていない漢字（表外漢字）、歴史的仮名遣《かなづか》いを用いて答えてもよいか？

A 2～10級の解答には、常用漢字および現代仮名遣いを用いてください。旧字体や表外漢字、歴史的仮名遣いを用いた解答は不正解とします。

また、「常用漢字表」に示されていない読み（表外読み）を用いた解答も不正解とします。

例1 問題 次の――線の**カタカナ**を**漢字**に直せ。
信号が**テンメツ**している。
解答例 点滅………○
點滅………× 「點」が旧字体

例2 問題 次の――線の**漢字の読み**を**ひらがな**で記せ。
池にうっすらと氷がはる。
解答例 こおり……○
こほり……× 「こほり」は歴史的仮名遣い

例3 問題 次の――線の**カタカナ**を**漢字**に直せ。
紙くずをごみ箱に**ス**てる。
解答例 捨………○
棄………× 「棄」の訓読み「す(てる)」は表外読み

Q 「遡」を「遡」、「餅」を「餅」と書いてもよいか？

A 2～10級の検定では、「常用漢字表」に示された字体を用いて答えなければなりません。ただし、例外として、平成22（2010）年告示「常用漢字表」で追加された漢字のうち、許容字体が併せて示されたものは正解とします。

「遡」や「餅」という字体はこの例外に当てはまりますので、正解となります。

Q 次の例ではどちらが正しい書き方か？

A ①

言「言」か「言」か

条「条」か「条」か

令「令」か「令」か

どちらの書き方でも正解とします。

こうした違いについては、「常用漢字表」の「(付)字体についての解説」に、「印刷文字と手書き文字におけるそれぞれの習慣の相違に基づく表現の差と見るべきもの」として例示されており、字体としては同じ（どちらで書いてもよい）とされています。

②

溺「溺」か「溺」か

頬「頬」か「頰」か

剝「剥」か「剝」か

どちらの書き方でも正解とします。

これらのように、印刷文字と手書き文字におけるそれぞれの習慣の相違に基づく表現の差が、字体（文字の骨組み）の違いに及ぶ場合もありますが、いわば例外的なものです。

Q 「比」「衣」「越」などは「レ」と書くのか「し」と書くのか？

A 「比」「衣」「越」などの「レ」の部分は、活字のデザインにおいて、一画で書く「し」の折れを強調したものです。

検定では、次に示す教科書体を手本にして、「し」のように一画で書いてください。

例

衣　越　猿　仰　氏　紙　長

底　展　農　比　民　裏　留

Q 解答方法で注意することは？

A 問題文をよく読んで答えましょう。答える部分や答え方など、問題文に指定がある場合は、必ずそれに従って答えてください。問題文の指定に合っていない答えは不正解とします。

特に、次に示す点に注意してください。

①「答えを一字書きなさい」と指定があれば「一字」のみ答える

例 問題 後の□内のひらがなを**漢字**に直して□に入れ、**四字熟語**を完成せよ。□内のひらがなは一度だけ使い、**答案用紙**に**一字記入**せよ。

新進気□ 　い・えい・えん・かん

解答例 鋭……○
気鋭……×
新進気鋭……×

②「ひらがなで書きなさい」と指定があれば「ひらがな」で答える

例 問題 次の——線の**カタカナ**を**漢字一字と送りがな（ひらがな）**に直せ。

交番で道を**タズネル**。

解答例 尋ねる……○ 尋ネル……×

③「算用数字で書きなさい」と指定があれば「算用数字」で答える

例 問題 次の漢字の**太い画**のところは**筆順の何画目**か、**算用数字**（1、2、3…）で答えなさい。

若

解答例 4……○ 四……×

④「――線の漢字の読みを書きなさい」と指定があれば「――線」部分のみ答える

例 問題　次の――線の**漢字の読み**を**ひらがな**で記せ。
駅の昇降口が混雑している。

解答例　しょうこう…………○
しょうこうぐち……×

⑤「――線の右に書きなさい」と指定があれば「――線の右」に記入する

例 問題　つぎの――線の**漢字**の**読みがな**を――線の**右**に書きなさい。
ベランダの植木に水をやる。

解答例　ベランダの植木《うえき》に水をやる。……○
ベランダの植木《うえき》に水をやる。……×

試験問題	学 習 日	得　点
1	月　日	点
2	月　日	点
3	月　日	点
4	月　日	点
5	月　日	点
6	月　日	点
7	月　日	点
8	月　日	点
9	月　日	点
10	月　日	点
11	月　日	点
12	月　日	点
13	月　日	点

準2級 試験問題

（一） 次の――線の**漢字の読み**を**ひらがな**で記せ。 (30) 1×30

1 英文学界の泰斗として知られる。
2 土壌の肥えた田園が広がる。
3 首尾よく本懐を遂げた。
4 ダイナマイトで岩盤を粉砕する。
5 遺族に弔慰金が贈られた。
6 軽侮のまなざしで見られる。
7 本物と酷似した模倣品が横行する。
8 ドラマで侯爵の役を演じた。
9 こんな駄文は読むに値しない。
10 解説文中に図表を挿入する。
11 天下統一の覇業を成し遂げる。
12 悠長に構えている時ではない。
13 本名とペンネームを併記する。
14 卑劣なたくらみを知って憤慨する。

（二） 次の漢字の**部首**を記せ。 (10) 1×10

〈例〉 菜 ［艹］ 間 ［門］

1 面
2 凹
3 互
4 閑
5 煩
6 誉
7 窯
8 恭
9 尉
10 崎

（三） **熟語の構成**のしかたには次のようなものがある。 (20) 2×10

ア 同じような意味の漢字を重ねたもの （**岩石**）
イ 反対または対応の意味を表す字を重ねたもの （**高低**）

（四） 次の**四字熟語**について、問1と問2に答えよ。 (30)

問1 後の［　］内のひらがなを**漢字**にして［1］〜［10］に入れ、**四字熟語**を完成せよ。［　］内のひらがなは一度だけ使い、**答案用紙**に**一字記入**せよ。 (20) 2×10

ア ［1］学非才
イ 危機一［2］
ウ 新進気［3］
エ 外［4］内剛
オ 旧態［5］然
カ 禍［6］得喪
キ 面目［7］如
ク 疾風迅［8］
ケ 刻苦勉［9］
コ 隠［10］自重

15 ピカソの亜流の域を出ない。

16 大輪の菊を花瓶に生ける。

17 納め過ぎた税金が還付された。

18 これまで安逸をむさぼってきた。

19 議論が紛糾し収拾のめどがつかない。

20 閣僚の一人に選ばれた。

21 ゆでたくりの渋皮をむく。

22 軒先に蚊柱が立っている。

23 湖底に青黒い藻が生えていた。

24 劇団が旗揚げする運びとなった。

25 二人は固く将来を誓った。

26 漆を塗った盆を使う。

27 耕して軟らかくした土に種をまく。

28 取引先に与えた損失を償う。

29 ささいなことを気に病んでいる。

30 町並みに昔の名残をとどめている。

ウ 上の字が下の字を修飾しているもの（**洋画**）

エ 下の字が上の字の目的語・補語になっているもの（**着席**）

オ 上の字が下の字の意味を打ち消しているもの（**非常**）

次の熟語は右の**ア～オ**のどれにあたるか、**一つ**選び、**記号にマーク**せよ。

1 駐留

2 多寡

3 愉快

4 偏在

5 疎密

6 鎮魂

7 知謀

8 殉難

9 庶務

10 無窮

い・えい・じゅう・せん
にん・ぱつ・ふく・やく
らい・れい

問2 次の11～15の**意味**にあてはまるものを**問1**の**ア～コ**の**四字熟語**から**一つ**選び、**記号にマーク**せよ。 (**10**) 2×5

11 自らの能力をへりくだっていうことば。

12 良いこともあれば悪いこともあるということ。

13 非常にきわどいこと。

14 力を尽くしてひたすら努力をすること。

15 じっと我慢し行いをつつしむこと。

(五) 次の1〜5の**対義語**、6〜10の**類義語**を後の□の中から選び、**漢字**で記せ。□の中の語は一度だけ使うこと。 (20) 2×10

対義語

1 傑物
2 絶滅
3 融合
4 任命
5 慶賀

類義語

6 死角
7 同等
8 不粋
9 無視
10 丈夫

あいとう・がんきょう・はんしょく
ひってき・ひめん・ぶんり
ぼんじん・もうてん・もくさつ
やぼ

(七) 次の各文にまちがって使われている**同じ読みの漢字**が**一字**ある。**上に誤字**を、**下に正しい漢字**を記せ。 (10) 2×5

1 結婚式と披露演の代金五百万円を踏み倒した男が詐欺罪で逮捕された。
2 トキの幼鳥がタヌキの襲激を受けたが巧みに逃走して窮地を脱した。
3 登録有形文化財の和洋接衷の邸宅を改修し歴史資料館として再生させた。
4 写真の色あせを防ぐ技術を肌のしみ対作に応用した化粧品が評判だ。
5 北米大陸の穀倉地帯を干ばつが襲い、生産量の激減で穀物相場が高騰した。

(八) 次の――線の**カタカナ**を**漢字一字**と**送りがな(ひらがな)**に直せ。 (10) 2×5

〈例〉 問題に**コタエル**。 答える

6 **ユウワク**に負けて後悔する。
7 猫がうなり声をあげて**イカク**する。
8 波乱に富んだ**ショウガイ**を送った。
9 勢力の**キンコウ**が保たれている。
10 試験開始前に**ヨレイ**が鳴った。
11 銃弾が壁を**カンツウ**した。
12 祖父の三回**キ**の法要が営まれた。
13 一年間の売り上げを**ルイケイ**する。
14 歯列を**キョウセイ**する治療を始めた。
15 **カンダイ**な措置を願う。

(六) 次の――線のカタカナを漢字に直せ。 (20) 2×10

1 寝不足で目がジュウ血している。
2 飛行機を操ジュウする。
3 火口からフン煙が上がる。
4 家庭的なフン囲気の店で食事する。
5 トク名の投書が届いた。
6 工事現場の監トクをする。
7 シン療所の医師として赴任する。
8 自宅での謹シンを命じられた。
9 実家の母から毎月タヨりが届く。
10 怠け者で全くタヨりにならない。

1 高遠な理想をカカゲル。
2 ソファーに深く身をシズメた。
3 泥遊びで手や顔がヨゴレル。
4 ハナハダシイ思い違いをしていた。
5 子供たちの目がカガヤイている。

(九) 次の――線のカタカナを漢字に直せ。 (50) 2×25

1 空港に近いホテルにシュクハクする。
2 祭りのタイコを打ち鳴らす。
3 山海の珍味をマンキツした。
4 ネンドをこねて動物の形にする。
5 組織のチュウスウをになっている。

16 双方がジョウホして話がまとまった。
17 音楽に心をイやされる。
18 マットをシいて器械体操をする。
19 洗濯した衣服を丁寧にタタむ。
20 ついイネムりをした。
21 優雅にワルツをオドる。
22 包丁のハがこぼれた。
23 アイディアはイクらでもわいてきた。
24 故郷の川にホタルが戻ってきた。
25 奥の部屋で姉がコトを弾いている。

▼解答は別冊2・3ページ

(一) 次の――線の**漢字の読み**を**ひらがな**で記せ。 (30) 1×30

1 摩滅したタイヤを取り換える。
2 会社から退職を勧奨された。
3 天下に覇を唱える。
4 時の移るのも忘れて思索にふける。
5 眺望の素晴らしい山荘に泊まる。
6 幽囚の身となって十年が過ぎた。
7 英国の首相が国賓として来日した。
8 逆境にめげず初志を貫徹した。
9 ミジンコは甲殻類に属する。
10 西洋の古典の抄訳を読む。
11 日々の暮らしに困窮していた。
12 囲碁の力量では彼に一日の長がある。
13 非行を繰り返した少年を説諭する。
14 救国の英雄として崇拝される。

(二) 次の漢字の**部首**を記せ。 (10) 1×10

〈例〉 菜 〔艹〕 間 〔門〕

1 癒
2 衡
3 匠
4 斉
5 吏
6 幣
7 爵
8 款
9 準
10 釈

(三) **熟語の構成**のしかたには次のようなものがある。 (20) 2×10

ア 同じような意味の漢字を重ねたもの （**岩石**）
イ 反対または対応の意味を表す字を重ねたもの （**高低**）

(四) 次の**四字熟語**について、問1と問2に答えよ。 (30)

問1 後の□内のひらがなを**漢字**にして1～10に入れ、**四字熟語**を完成せよ。□内のひらがなは一度だけ使い、**答案用紙に一字記入**せよ。 (20) 2×10

ア 人[1]未踏
イ 百戦錬[2]
ウ 旧態[3]然
エ 信賞必[4]
オ 外[5]内剛
カ 七転八[6]
キ 悠悠自[7]
ク 孤城[8]日
ケ 公平無[9]
コ 器用貧[10]

15 喜びが沸々とわいてきた。
16 伯父くらい謹厳な人を他に知らない。
17 脱税の嫌疑をかけられる。
18 長々と駄弁を聞かされ閉口した。
19 一切粉飾を交えないで叙述する。
20 書斎にこもって執筆に専念する。
21 古墳の周りに堀を巡らせてある。
22 うろ覚えの童うたを口ずさむ。
23 腰を据えて課題に取り組む。
24 手折った花を髪に挿す。
25 ライオンが雄々しい姿を見せた。
26 大木の洞に野鳥が巣くっている。
27 限られた予算で会の運営を賄う。
28 面白い話を耳にした。
29 偏った考えを修正する。
30 技の上達した弟子を褒める。

ウ 上の字が下の字を修飾しているもの （洋画）
エ 下の字が上の字の目的語・補語になっているもの （着席）
オ 上の字が下の字の意味を打ち消しているもの （非常）

次の熟語は右のア〜オのどれにあたるか、**一つ**選び、**記号にマーク**せよ。

1 打撲
2 併記
3 不肖
4 早晩
5 広漠

6 出廷
7 邪推
8 慶弔
9 鎮魂
10 墨汁

い・し・じゅう・せき
てき・とう・ばつ・ぼう
ま・らく

問2 次の11〜15の**意味**にあてはまるものを**問1のア〜コの四字熟語**から**一つ**選び、**記号にマーク**せよ。 (10) 2×5

11 見かけによらず心の中はしっかりしていること。
12 以前と比べて変化が見られない。
13 激しい苦痛にのたうつさま。
14 かつての勢いを失い助けもなく心細いさま。
15 世事に煩わされずゆったりとすごすこと。

(五) 次の1〜5の**対義語**、6〜10の**類義語**を後の□の中から選び、**漢字**で記せ。□の中の語は一度だけ使うこと。 (20) 2×10

対義語

1 逸材
2 高慢
3 理論
4 油断
5 疎遠

類義語

6 降格
7 横領
8 隆盛
9 屈指
10 削除

けいかい・けんきょ・させん
じっせん・しんみつ・ちゃくふく
ばつぐん・はんえい・ぼんさい
まっしょう

(七) 次の各文にまちがって使われている**同じ読みの漢字**が**一字**ある。**上に誤字**を、**下に正しい漢字**を記せ。 (10) 2×5

1 日本の近代化に寄預した外国人の多く眠る墓地が資金難で荒廃している。
2 無農薬栽倍の原料で無添加にこだわって製造されたせっけんが好評だ。
3 登山靴は底部の頑丈さと足が受ける衝激を緩和する機能が求められる。
4 犯人が振り込め詐欺に使った口座を銀行が凍決して被害拡大を阻止した。
5 人体に無害な光を当ててがん細胞を破壊する治療法が臨症試験に入った。

(八) 次の——線の**カタカナ**を**漢字一字**と**送りがな（ひらがな）**に直せ。 (10) 2×5

〈例〉 問題に**コタエル**。 答える

6 特例として**カンダイ**な処置をとる。
7 現在の状況を正確に**ブンセキ**する。
8 恩師の言葉を肝に**メイ**ずる。
9 紳士**シュクジョ**が観覧席を埋める。
10 **ヨクソウ**にたっぷりと湯を張る。
11 **コンブ**のだしで吸い物を作る。
12 車両の整備が**カンリョウ**した。
13 植物の根を**ケンビキョウ**で見る。
14 ゴールに向かって**トッシン**した。
15 企業の不正を**キュウダン**する。

(六) 次の――線のカタカナを漢字に直せ。 (20) 2×10

1 緊**パク**した空気に包まれる。
2 船**パク**がしきりに航行する。
3 新製品が発売され株価が急**トウ**した。
4 水**トウ**に麦茶を入れる。
5 熱**キョウ**した観衆が総立ちになった。
6 少年時代への**キョウ**愁に駆られる。
7 **セン**水艇で深海を調査する。
8 初出場校が**セン**風を巻き起こした。
9 **アマ**やかされて育った。
10 試合まで**アマ**すところ一週間だ。

1 魚を焦がして台所が**クサク**なった。
2 地道に努力して成績を**ノバシ**た。
3 人口が流出して町が**サビレル**。
4 かんで**フクメル**ように教える。
5 作品に**サワラ**ないでください。

(九) 次の――線のカタカナを漢字に直せ。 (50) 2×25

1 文中では**ロコツ**な表現を避ける。
2 娯楽施設の建設許可を**シンセイ**する。
3 財産を全て**ボッシュウ**された。
4 友人からの手紙を**カイフウ**する。
5 大恩ある故人の**ソウシキ**に列席する。

16 **コンジャク**の感に堪えない。
17 げたを**ハ**いて散歩に出かける。
18 不意をつかれて**アワ**てた。
19 蚕の**マユ**から糸をつむぐ。
20 ささいなことを気に**ヤ**む。
21 **サトイモ**を軟らかく煮る。
22 荷物を**アミダナ**に上げた。
23 **カタハバ**の広いたくましい男性だ。
24 忘れ物に気付いて家に**モド**る。
25 **アズキ**を詰めてお手玉を作る。

▼解答は別冊4・5ページ

(一) 次の――線の**漢字の読み**を**ひらがな**で記せ。 (30) 1×30

1 いつまでも安閑としてはいられない。
2 本質を喝破する一言だった。
3 パソコンを使って情報を検索する。
4 朗々と漢詩を吟詠する。
5 区役所で戸籍謄本を請求する。
6 思想が甚だしく偏向している。
7 アンケートに現れた結果を概括する。
8 消防士数名が殉職した。
9 憤然として席を立った。
10 全て私の浅慮の致すところです。
11 惰弱な精神を鍛え直す。
12 妊婦がにわかに産気づいた。
13 新製品の人気が沸騰する。
14 郷里の祖父が急逝した。

(二) 次の漢字の**部首**を記せ。 (10) 1×10

〈例〉 菜 [艹]　間 [門]

1 旋
2 昆
3 殻
4 磨
5 頑
6 辱
7 蛍
8 裏
9 音
10 窓

(三) **熟語の構成**のしかたには次のようなものがある。 (20) 2×10

ア 同じような意味の漢字を重ねたもの（**岩石**）
イ 反対または対応の意味を表す字を重ねたもの（**高低**）

(四) 次の**四字熟語**について、**問1**と**問2**に答えよ。 (30)

問1 後の□内のひらがなを**漢字**にして[1]～[10]に入れ、**四字熟語**を完成せよ。□内のひらがなは一度だけ使い、**答案用紙**に**一字記入**せよ。 (20) 2×10

ア 質実剛[1]
イ 大胆不[2]
ウ 朝令[3]改
エ [4]久平和
オ 南[5]北馬
カ 粗[6]粗食
キ [7]田引水
ク 故事来[8]
ケ 面目躍[9]
コ 汗牛充[10]

15 手配写真の男に酷似している。
16 核兵器の廃絶を課題とする。
17 雑誌の懸賞に応募する。
18 砂漠の中の遺跡群は壮観だった。
19 手術前に患部を洗浄する。
20 横領の嫌疑がかけられた。
21 涼しい高原でひと夏を過ごす。
22 有名な窯元で陶器を求める。
23 謹んでお喜び申し上げます。
24 商品の性能を偽って表示していた。
25 言うに言われぬ迷惑を被った。
26 今は専ら子育てに精を出している。
27 賄い付きの下宿が少なくなった。
28 二つの事業部を併せる。
29 バッグとそろいの革靴を買う。
30 腕の立つ職人に助太刀を頼んだ。

ウ 上の字が下の字を修飾しているもの （**洋画**）
エ 下の字が上の字の目的語・補語になっているもの （**着席**）
オ 上の字が下の字の意味を打ち消しているもの （**非常**）

次の熟語は右の**ア〜オ**のどれにあたるか、**一つ**選び、**記号にマーク**せよ。

1 親疎
2 逸話
3 露顕
4 献杯
5 搭乗
6 未踏
7 懇願
8 緩急
9 筆禍
10 懲悪

い・が・けん・こう
じょ・せん・てき・とう
ぼ・れき

問2
次の11〜15の**意味**にあてはまるものを**問1**の**ア〜コ**の**四字熟語**から**一つ**選び、**記号にマーク**せよ。 (**10**) 2×5

11 蔵書が非常に多いこと。
12 度胸があっておそれを知らないこと。
13 自分に都合がよいようにとりはからうこと。
14 あちこち広く旅行すること。
15 まじめでかざりけがなく強くたくましいさま。

(五) 次の1〜5の**対義語**、6〜10の**類義語**を後の□の中から選び、**漢字**で記せ。□の中の語は一度だけ使うこと。

(20) 2×10

対義語

1 緩慢
2 醜悪
3 罷免
4 慶賀
5 模倣

類義語

6 猶予
7 終生
8 辛抱
9 干渉
10 動転

あいとう・えんき・かいにゅう
ぎょうてん・しょうがい・じんそく
どくそう・にんたい・にんめい
びれい

(七) 次の各文にまちがって使われている**同じ読みの漢字**が**一字**ある。**上に誤字**を、**下に正しい漢字**を記せ。

(10) 2×5

1 主要な地方都市の百貨店が収益の改善を断念し相次いで徹退した。
2 各地の城の石垣が、周りに植えた木の根に押されて崩落の奇機にある。
3 金塊を密輸入する事件が急増し税関での的発件数が過去最高を記録した。
4 当代屈指の人気俳優の葬儀に、大勢の弔問客が長い昇香の列を作った。
5 バナナの茎から取り出した繊依を主要な原料にした紙が注目されている。

(八) 次の——線の**カタカナ**を**漢字一字**と**送りがな（ひらがな）**に直せ。

(10) 2×5

〈例〉 問題に**コタエル**。 答える

6 誘拐には重い**ケイバツ**が科せられる。
7 風邪の**ショウジョウ**が出始めた。
8 不当な要求を**キョヒ**する。
9 車内は**レイボウ**がよく効いていた。
10 青年らしい**ハキ**に満ちている。
11 **キュウケイ**を挟んで協議を続ける。
12 演奏会用の**ガクフ**を準備する。
13 最下位から首位に**フジョウ**する。
14 **ゴウテイ**が立ち並んでいる。
15 ファンの**ネツレツ**な歓迎を受けた。

(六) 次の——線のカタカナを漢字に直せ。 (20) 2×10

1 授業でカエルを解**ボウ**する。
2 初めて裁判を**ボウ**聴した。
3 **チョウ**望のきく高台に立つ。
4 後に**チョウ**刻家として名を成した。
5 秩**ジョ**立てて説明する。
6 **ジョ**勲の対象者に選ばれた。
7 文中では敬**ショウ**を省略した。
8 話が高**ショウ**に過ぎる。
9 口を**ト**ざして何も語らなかった。
10 切れ味の鈍った包丁を**ト**ぐ。

1 目覚ましい進歩を**トゲル**。
2 時に両親を**ケムタク**感じる。
3 耳を**スマシ**て虫の声を聞く。
4 食糧が欠乏して国民が**ウエル**。
5 達者な文だが心に**ヒビク**ものがない。

(九) 次の——線のカタカナを漢字に直せ。 (50) 2×25

1 **ユウシ**を受けて住宅を購入する。
2 とれたての野菜を**ハンバイ**する。
3 **ビョウマ**に冒され入院生活を送る。
4 **センリュウ**の同好会に入る。
5 血眼になって金策に**ホンソウ**する。

16 **ゴイシ**を盤上に置くさえた音がする。
17 息子の**セタケ**がぐんぐん伸びている。
18 白い**ホ**をあげてヨットが快走する。
19 山中の**ケモノミチ**をたどる。
20 **コヨミ**の上ではもう秋だ。
21 約束を守ることを**チカ**う。
22 電車の**アミダナ**にかばんを載せる。
23 **オロ**かな争いをいつまでも続ける。
24 **シルコ**は母の好物だ。
25 池に**モ**が繁茂している。

▼解答は別冊6・7ページ

（一） 次の――線の**漢字の読み**を**ひらがな**で記せ。 (30) 1×30

1 負債の償却に十年を要した。
2 党内は紛糾の度を深めた。
3 状況の変化に適宜対応する。
4 大功を立て爵位を授けられた。
5 夏は渓流で釣りを楽しむ。
6 一同粛然として襟を正した。
7 誠実に職務を果たすことを誓約する。
8 資金の援助を懇請する。
9 温室でランを栽培している。
10 一刻の猶予も許されない。
11 耳に栓をしたくなるような話だ。
12 放言を繰り返した大臣が更迭された。
13 文中の副詞の出現頻度を調べる。
14 別邸でしばらく休養をとる。

（二） 次の漢字の**部首**を記せ。 (10) 1×10

〈例〉 菜 ［艹］ 間 ［門］

1 般
2 致
3 虞
4 帥
5 唇
6 罷
7 遷
8 募
9 革
10 雰

（三） **熟語の構成**のしかたには次のようなものがある。 (20) 2×10

ア 同じような意味の漢字を重ねたもの （**岩石**）
イ 反対または対応の意味を表す字を重ねたもの （**高低**）

（四） 次の**四字熟語**について、**問1**と**問2**に答えよ。 (30)

問1 後の□内のひらがなを**漢字**にして［1］～［10］に入れ、**四字熟語**を完成せよ。□内のひらがなは一度だけ使い、**答案用紙に一字記入**せよ。 (20) 2×10

ア 徹頭徹［1］
イ 意志［2］弱
ウ 孤軍奮［3］
エ 少壮気［4］
オ 有［5］転変
カ ［6］飲馬食
キ ［7］常一様
ク 多岐［8］羊
ケ 支［9］滅裂
コ 安寧［10］序

15 空漠とした荒野が続く。
16 テレビを広告媒体として利用する。
17 惰性に流される生活を送っていた。
18 顧客に新製品を推奨する。
19 友の苦衷は察するに余りある。
20 延々と続く桟道をたどる。
21 特権の濫用も甚だしい。
22 飢えと渇きに苦しめられた。
23 いきなり襟首をつかまれた。
24 上質な繭からつむがれた生糸を使う。
25 横殴りの雨が窓ガラスを打つ。
26 七五三の晴れ着を調える。
27 考えるのも煩わしかった。
28 棚田の風景を写真に撮る。
29 今は専らゴルフに打ち込んでいる。
30 雪崩が起きやすい季節になった。

ウ 上の字が下の字を修飾しているもの　（**洋画**）
エ 下の字が上の字の目的語・補語になっているもの　（**着席**）
オ 上の字が下の字の意味を打ち消しているもの　（**非常**）

次の熟語は右の**ア～オ**のどれにあたるか、**一つ**選び、**記号にマーク**せよ。

1 経緯
2 睡眠
3 酪農
4 検疫
5 拙劣

6 禍根
7 衆寡
8 喫煙
9 未刊
10 研磨

い・えい・げい・じん
ちつ・とう・はく・び
ぼう・り

問2 次の11～15の**意味**にあてはまるものを**問1のア～コの四字熟語**から**一つ**選び、**記号にマーク**せよ。　（**10**）2×5

11 いくつも選択肢があって迷うこと。
12 社会が穏やかで整った状態にあること。
13 めちゃくちゃなこと。
14 ただ一人でがんばること。
15 年が若く精神力がみなぎるさま。

(五) 次の1～5の**対義語**、6～10の**類義語**を後の□の中から選び、**漢字**で記せ。□の中の語は一度だけ使うこと。 (20) 2×10

対義語

1 末端
2 謙虚
3 傑物
4 哀悼
5 威圧

類義語

6 回顧
7 強情
8 死角
9 心配
10 窮乏

かいじゅう・がんこ・しゅくが
そんだい・ちゅうすう・ついおく
ひんこん・ぼんじん・もうてん
ゆうりょ

(七) 次の各文にまちがって使われている**同じ読みの漢字**が**一字**ある。上に**誤字**を、**下に正しい漢字**を記せ。 (10) 2×5

1 抹茶味の菓子が海外で人気を呼び大量に向入する外国人観光客が多い。
2 国宝を所有する寺で本堂への一斉放水や避難誘動の消防訓練が行われた。
3 記録的な干ばつに見舞われた国で厳しい給水制限措致がとられた。
4 ワニや大蛇のいる密林を通る過酷極まる耐久マラソンの行程を走派した。
5 抗菌加工された製品には、細菌の増触を抑える機能が備わっている。

(八) 次の――線の**カタカナ**を**漢字一字**と**送りがな（ひらがな）**に直せ。 (10) 2×5

〈例〉 問題に**コタエル**。 答える

6 肺の**シッカン**で治療を受けた。
7 **カンカク**を詰めて一列に並ぶ。
8 **グモン**を発して周囲の失笑を買う。
9 戦地から部隊が**キカン**した。
10 デパートの**シンシ**服売り場で働く。
11 遠足に弁当と**スイトウ**を持っていく。
12 車の**オウライ**が終日絶えない。
13 顔の**リンカク**から描き始める。
14 **ラクライ**のため停電した。
15 毎月の売り上げを**ルイケイ**する。

(六) 次の——線の**カタカナ**を**漢字**に直せ。 (20) 2×10

1 公衆の面前で**ブ**辱された。
2 仲介者が一割の**ブ**合をとる。

3 恩師に自著を献**テイ**する。
4 **テイ**王として君臨した。

5 即**セキ**の料理を作る。
6 収集したデータを解**セキ**する。

7 作業を円**カツ**に進める。
8 管**カツ**外の事件に介入しない。

9 器の中身が**ス**けて見える。
10 雨上がりの空が**ス**み渡る。

1 緊張のあまり声が**フルエル**。
2 **スズシイ**高原で夏の休暇を楽しむ。
3 足腰を**キタエル**運動をしている。
4 半日を読書に**ツイヤシ**た。
5 子供の成長の早さに**オドロク**。

(九) 次の——線の**カタカナ**を**漢字**に直せ。 (50) 2×25

1 寝不足で目が**ジュウケツ**している。
2 国の**ハンエイ**を願う。
3 この世の**ジゴク**を見る思いだった。
4 **タンテイ**小説の古典が映画化された。
5 **バンシャク**は酒一合と決めている。

16 思わず**トイキ**を漏らした。
17 電車のドアにスカートが**ハサ**まった。
18 舟で城の**ホリ**を巡る。
19 害獣よけに畑を**カナアミ**で囲う。
20 怒りの**ホノオ**が燃え上がる。
21 新人研修でさんざん**オド**かされた。
22 山頂からの**ナガ**めは格別だった。
23 新しい靴を**ハ**いて登校する。
24 **オノレ**の信念に従って生きる。
25 雨漏りで床が**ミズビタ**しになった。

▼解答は別冊8・9ページ

（一） 次の――線の**漢字の読み**を**ひらがな**で記せ。 (30) 1×30

1 道路の舗装に砕石を使う。
2 本来の任務を逸脱している。
3 隣国の領土を租借する。
4 切り立ったがけにかかる桟道を通る。
5 不明な点は弊社までご一報ください。
6 寝室に遮光カーテンをつける。
7 偉勲により侯爵に叙せられた。
8 木の香りがする浴槽に入る。
9 全科目を満遍なく学習する。
10 最後まで奔放な生き方をした。
11 データを分析して仮説を立てる。
12 昨年着ていた服が窮屈になった。
13 完膚なきまでに打ちのめす。
14 享楽的な生活を送っていた。

（二） 次の漢字の**部首**を記せ。 (10) 1×10

〈例〉 菜 〔艹〕 間 〔門〕

1 掌
2 術
3 且
4 扇
5 虜
6 伐
7 麻
8 亭
9 泰
10 耗

（三） **熟語の構成**のしかたには次のようなものがある。 (20) 2×10

ア 同じような意味の漢字を重ねたもの （**岩石**）
イ 反対または対応の意味を表す字を重ねたもの （**高低**）

（四） 次の**四字熟語**について、**問1**と**問2**に答えよ。 (30)

問1 後の□内のひらがなを**漢字**にして1～10に入れ、**四字熟語**を完成せよ。□内のひらがなは一度だけ使い、**答案用紙**に**一字記入**せよ。 (20) 2×10

ア 雲散〔1〕消
イ 英俊豪〔2〕
ウ 当意〔3〕妙
エ 〔4〕志弱行
オ 四角四〔5〕
カ 衆口一〔6〕
キ 栄枯盛〔7〕
ク 馬耳〔8〕風
ケ 優勝〔9〕敗
コ 〔10〕頭指揮

15 法廷で証人が宣誓する。
16 献身的な看護を続ける。
17 駅前の道路が陥没した。
18 国王への拝謁を許された。
19 下肢の筋肉を鍛える。
20 隣国からの支援を干天の慈雨と喜ぶ。
21 税制改革の大枠が公表された。
22 わざわざ診てもらうまでもない。
23 靴擦れができて歩きにくい。
24 連山が朝日に映える。
25 川の中州に水鳥が群れている。
26 公園の一隅に蚊柱が立っている。
27 殻つきの落花生をつまみにする。
28 挿し木のバラが花を咲かせた。
29 まんまと一泡吹かせてやった。
30 上京した伯父さんを案内する。

5

ウ 上の字が下の字を修飾しているもの （**洋画**）
エ 下の字が上の字の目的語・補語になっているもの （**着席**）
オ 上の字が下の字の意味を打ち消しているもの （**非常**）

次の熟語は右の**ア〜オ**のどれにあたるか、**一つ**選び、**記号にマーク**せよ。

1 擬似
2 漸進
3 寛厳
4 徹夜
5 安寧

6 媒体
7 不穏
8 添削
9 罷業
10 雅俗

けつ・じん・すい・そく
ち・とう・はく・む
めん・れっ

問2 次の11〜15の**意味**にあてはまるものを**問1**の**ア〜コ**の**四字熟語**から**一つ**選び、**記号にマーク**せよ。 (10) 2×5

11 ずば抜けて優れた人物。
12 まじめで堅苦しいさま。
13 気概に欠け物事をやり抜く力がない。
14 その場で直ちに最良の応じ方をする。
15 だれもが同じことを言う。

(五) 次の1〜5の**対義語**、6〜10の**類義語**を後の□の中から選び、**漢字**で記せ。□の中の語は一度だけ使うこと。

(20) 2×10

対義語

1 恭順
2 閑暇
3 理論
4 隆起
5 自慢

類義語

6 酌量
7 監禁
8 逝去
9 永遠
10 丈夫

がんきょう・こうりょ・じっせん
たかい・たぼう・ちんこう
はんこう・ひげ・ゆうきゅう
ゆうへい

(七) 次の各文にまちがって使われている**同じ読みの漢字**が**一字**ある。**上に誤字**を、**下に正しい漢字**を記せ。

(10) 2×5

1 真夏の炎天下では傘や帽子で視外線から肌を守るよう心がけている。
2 北欧の画家の回顧展が開宰され本邦初出展の油絵や素描などが並んだ。
3 廃棄物処理施設の移転と火葬場の建設が町の件案事項となっている。
4 金品を有権者に配って投票を依頼した容疑で村議会議員が待捕された。
5 併設した喫茶店の経営や本以外の商品の頒売に力を入れる書店が増えた。

(八) 次の――線の**カタカナ**を**漢字一字**と**送りがな(ひらがな)**に直せ。

(10) 2×5

〈例〉問題に**コタエル**。　答える

6 古今集の和歌を**ロウエイ**する。
7 出産間近の**ニンプ**が入院する。
8 **ジュンショク**した警察官を追悼する。
9 亡父は至って**カモク**な人だった。
10 授業料を**メンジョ**された。
11 標本を無作為に**チュウシュツ**する。
12 旧友と**ユカイ**に語り合った。
13 地価が上昇する**ケイコウ**にある。
14 未知の深海魚の**サツエイ**に成功した。
15 偵察隊がベースキャンプに**キカン**した。

(六) 次の――線のカタカナを漢字に直せ。 (20) 2×10

1 市民と大臣がコン談した。
2 役所にコン姻届を出す。
3 厄カイな問題が持ち上がった。
4 話の趣旨がカイ目わからない。
5 外科病トウに入院した。
6 不屈のトウ魂を見せつける。
7 ソウ絶な攻防を繰り広げる。
8 冬は空気が乾ソウする。
9 こんこんと子供をサトす。
10 ひたすらサトりを求めて修行する。

1 しばし音楽にヒタッていた。
2 まもなく定年をムカエル。
3 シブイ色の着物を好む。
4 軍部がクーデターをクワダテた。
5 トランプで運勢をウラナウ。

(九) 次の――線のカタカナを漢字に直せ。 (50) 2×25

1 しきりに対戦相手をチョウハツする。
2 本文の下段にキャクチュウを付ける。
3 菌類の研究にショウガイをささげた。
4 センドの良い野菜を生で食べる。
5 新車をイッカツ払いで買う。

16 キノコはホウシを作って繁殖する。
17 母が声をシノばせて泣いていた。
18 無用な争いをサける。
19 うわさを小耳にハサんだ。
20 はれたハグキを治療する。
21 暗い空にイナズマが走った。
22 二人の間に深いミゾができた。
23 荒波に舟が激しくユれる。
24 カラクサ模様のふろしきで包む。
25 人垣がイクエもできている。

▼解答は別冊10・11ページ

5

（一） 次の——線の**漢字の読み**を**ひらがな**で記せ。 (30) 1×30

1 操船を誤り岩礁に乗り上げた。
2 是非とも拙宅にお立ち寄りください。
3 頑として首を縦に振らない。
4 大学で教職課程を履修する。
5 核心をつく質問にうろたえる。
6 お抱えの画家が伯爵の肖像を描く。
7 危うい均衡を保っている。
8 廃屋を解体して更地にする。
9 磨耗した金属部品を交換する。
10 かねてより私淑する小説家だ。
11 文章中に外来語が頻出する。
12 模様替えをして雰囲気を変える。
13 ハエが伝染病を媒介する。
14 故人の霊前で追悼の辞を述べる。

（二） 次の漢字の**部首**を記せ。 (10) 1×10

〈例〉 菜〔艹〕 間〔門〕

1 甲
2 衛
3 粋
4 升
5 充
6 奔
7 缶
8 還
9 叙
10 版

（三） **熟語の構成**のしかたには次のようなものがある。 (20) 2×10

ア 同じような意味の漢字を重ねたもの （**岩石**）
イ 反対または対応の意味を表す字を重ねたもの （**高低**）

（四） 次の**四字熟語**について、**問1**と**問2**に答えよ。 (30)

問1 後の□内のひらがなを**漢字**にして1〜10に入れ、**四字熟語**を完成せよ。□内のひらがなは一度だけ使い、**答案用紙**に**一字記入**せよ。 (20) 2×10

ア 勇 1 果敢
イ 2 合集散
ウ 普 3 妥当
エ 千 4 万紅
オ 鼓舞激 5
カ 不可 6 力
キ 優勝 7 敗
ク 深謀遠 8
ケ 粗 9 粗食
コ 10 知徹底

15 長年の懸案がようやく解決した。

16 東西貿易の要衝にあたる。

17 読み返すといかにも駄文だった。

18 勲功を立てて恩賞を賜る。

19 うわさの真偽は判然としない。

20 珠玉の名作が収められている。

21 喪中のため出席を辞退した。

22 平幕力士との対戦で星を稼ぐ。

23 母と一緒にくりの渋皮をむいた。

24 ご注文は電話にて承ります。

25 墓のまわりに垣根を巡らしてある。

26 ころあいを見て手綱を緩める。

27 何度も漆を塗って仕上げる。

28 岬の灯台を目印にして進む。

29 ずっと親の愛に飢えていた。

30 鋼のような精神を持っている。

6

ウ 上の字が下の字を修飾しているもの（**洋画**）

エ 下の字が上の字の目的語・補語になっているもの（**着席**）

オ 上の字が下の字の意味を打ち消しているもの（**非常**）

次の熟語は右の**ア～オ**のどれにあたるか、**一つ**選び、**記号にマーク**せよ。

1 赴任

2 尊卑

3 詐欺

4 孤塁

5 硬軟

6 遵法

7 解剖

8 浄財

9 不屈

10 殉難

い・こう・し・しゅう

へん・もう・り・りょ

れい・れっ

問2 次の11～15の**意味**にあてはまるものを**問1**の**ア～コの四字熟語**から**一つ**選び、**記号にマーク**せよ。 **(10)** 2×5

11 何事もおそれず実行力に富むさま。

12 強者が栄え、弱者が滅びる。

13 皆に指示や情報を行き渡らせること。

14 さまざまな花の色。

15 どんな場合でも適切として認められること。

(五) 次の1〜5の**対義語**、6〜10の**類義語**を後の□の中から選び、**漢字**で記せ。□の中の語は一度だけ使うこと。 (20) 2×10

対義語

1 禁欲
2 設置
3 幼稚
4 乾燥
5 概略

類義語

6 同等
7 動転
8 降格
9 死角
10 秀逸

ぎょうてん・きょうらく・させん
しつじゅん・しょうさい・てっきょ
ばつぐん・ひってき・もうてん
ろうれん

(七) 次の各文にまちがって使われている**同じ読みの漢字**が**一字**ある。**上に誤字**を、**下に正しい漢字**を記せ。 (10) 2×5

1 間伐材や未利用木材を噴砕して粒状に固め、燃料として有効活用する。
2 大正の米騒動は米価暴投に怒る主婦らの決起に端を発し全国に波及した。
3 炎天下での数時間に及ぶ熱闘で奪水症状に陥った選手が救急搬送された。
4 美術館の敷地にすみついた多数の猫がネズミの苦除に貢献している。
5 観光客の多い古代インカ帝国の遺績で残存する石組みの崩落が甚だしい。

(八) 次の——線の**カタカナ**を**漢字一字**と**送りがな(ひらがな)**に直せ。 (10) 2×5

〈例〉 問題に**コタエル**。 答える

6 予防接種で**メンエキ**ができる。
7 爆音が夜の**セイジャク**を破った。
8 **コンブ**とかつお節でだしを取る。
9 **ゴフク**店で着物をあつらえる。
10 趣味の園芸に**ボットウ**する。
11 子供が**ネンド**をこねて遊ぶ。
12 相手の申し出を**カイダク**する。
13 巨額の**バイショウ**金を支払った。
14 **フウリン**の音が涼味を誘う。
15 長く白いひげが**センニン**を思わせる。

(六) 次の——線のカタカナを漢字に直せ。 (20) 2×10

1 アメーバが増**ショク**を続ける。
2 ざらっとした感**ショク**の紙だ。

3 減刑の**タン**願書を出した。
4 **タン**念な仕事が高く評価された。

5 生活に**コン**窮している。
6 和やかな**コン**談会だった。

7 王**ヒ**が沿道の人々に手を振る。
8 友人の結婚**ヒ**露宴に招かれた。

9 先輩の**ムネ**を借りる。
10 宴会は別**ムネ**で開かれた。

1 医師に腹部の痛みを**ウッタエ**た。
2 無益な争いを**サケル**ことにした。
3 人の道をこんこんと**サトサ**れた。
4 飛躍的に売り上げを**ノバス**。
5 絵の具で手が**キタナク**なった。

(九) 次の——線のカタカナを漢字に直せ。 (50) 2×25

1 温室でメロンを**サイバイ**する。
2 予期せぬ事態に**ソウグウ**した。
3 卒業生たちが校庭に**ショクジュ**する。
4 著名な**チョウコク**家の作品だ。
5 **ビリョク**ながらお手伝いします。

16 甘い香りの**ショウシュウ**剤を使う。
17 山で**メズラ**しい鳥を見かけた。
18 冷たい風にコートの**エリ**を立てた。
19 赤いさんごの**カミカザ**りをつける。
20 卵の**カラ**を破ってひなが生まれた。
21 **クチビル**をかんで悔しさに耐えた。
22 返答がためらわれて言葉を**ニゴ**した。
23 大きな**フクロ**を肩にかつぐ。
24 アルバイトで学費を**マカナ**う。
25 **シバフ**に寝転んで空を見た。

▼解答は別冊12・13ページ

(一) 次の――線の**漢字の読み**を**ひらがな**で記せ。 (30) 1×30

1 父と子の相克が描かれている。
2 格別の勲功があって爵位を授かった。
3 懸命に働いて目標を達成した。
4 昔の素朴な遊びを見かけなくなった。
5 伝統芸能の孤塁を守る。
6 反乱分子が粛清された。
7 死因は窒息とわかった。
8 フランス近代の叙情詩を翻訳する。
9 怠惰になずんでいた己を悔いる。
10 室内に煙が充満していた。
11 勇気が沸々とわいてきた。
12 公募展の彫塑の部で入選した。
13 会場に貴賓席を設ける。
14 宇宙遊泳の擬似体験をする。

(二) 次の漢字の**部首**を記せ。 (10) 1×10

〈例〉 菜 〔艹〕 間 〔門〕

1 貢　2 釈　3 辛　4 煩　5 虐
6 逐　7 再　8 薫　9 囚　10 頒

(三) **熟語の構成**のしかたには次のようなものがある。 (20) 2×10

ア 同じような意味の漢字を重ねたもの （**岩石**）
イ 反対または対応の意味を表す字を重ねたもの （**高低**）

(四) 次の**四字熟語**について、**問1**と**問2**に答えよ。 (30)

問1 後の□内のひらがなを**漢字**にして 1 ～ 10 に入れ、**四字熟語**を完成せよ。□内のひらがなは一度だけ使い、**答案用紙**に**一字記入**せよ。 (20) 2×10

ア 悠悠自 1
イ 2 越同舟
ウ 3 思黙考
エ 論 4 明快
オ 心頭滅 5
カ 時節 6 来
キ 金科玉 7
ク 自暴自 8
ケ 9 善懲悪
コ 円転滑 10

15 国王への謁見を許された。
16 武道を通して心身を錬磨する。
17 住民税納付の督促状が届いた。
18 秋涼の候に月見の宴を催す。
19 拙劣極まりない文章だった。
20 競艇を開催して大きな収益を上げた。
21 草履に白の鼻緒をすげる。
22 母の作る汁粉は格別だった。
23 毎年、杉の花粉に悩まされる。
24 夕日に映える連山を遠望する。
25 墓前に菊を手向ける。
26 湿気を嫌う菓子を缶に入れる。
27 鉄の扉が閉ざされたままだ。
28 赤い靴を履いて出掛ける。
29 鑑賞に堪える作ではない。
30 だれもが陽気に歌い且つ踊った。

ウ 上の字が下の字を修飾しているもの（**洋画**）
エ 下の字が上の字の目的語・補語になっているもの（**着席**）
オ 上の字が下の字の意味を打ち消しているもの（**非常**）

次の熟語は右の**ア～オ**のどれにあたるか、**一つ**選び、**記号にマーク**せよ。

1 謙譲
2 旅愁
3 懐郷
4 贈答
5 専従

6 俊秀
7 忍苦
8 剛柔
9 未熟
10 舌禍

かん・き・きゃく・ご
し・じょう・だつ・ちん
てき・とう

問2 次の11～15の**意味**にあてはまるものを**問1**の**ア～コの四字熟語**から**一つ**選び、**記号にマーク**せよ。 (**10**) 2×5

11 仲の悪い者がひとつ所に居合わせる。
12 非常に大切な決まりや教え。
13 好機が訪れること。
14 世事に煩わされずゆったりと過ごすこと。
15 物事がすらすらと運ぶようす。

(五)

次の1〜5の**対義語**、6〜10の**類義語**を後の□の中から選び、**漢字**で記せ。□の中の語は一度だけ使うこと。

(20) 2×10

対義語

1 中枢
2 禁欲
3 喪失
4 特殊
5 召還

類義語

6 是認
7 野卑
8 奔走
9 全治
10 忍耐

かくとく・がまん・きょうらく
こうてい・じんりょく・ていぞく
はけん・ふへん・へいゆ
まったん

(七)

次の各文にまちがって使われている**同じ読みの漢字**が**一字**ある。**上に誤字**を、**下に正しい漢字**を記せ。

(10) 2×5

1 文化財の修復に樹液を使う漆の木を人工栽媒して品種改良の研究を行う。

2 救急車で販送される人の約半数が入院を要しない軽症と診断されている。

3 干潟や浅瀬は、小魚や甲殻類をえさとする渡り鳥の不可欠な中携点だ。

4 前方後円墳の原型とされる円形周溝墓が発屈調査で新たに見つかった。

5 大臣は会見で輸入制限を撤廃し貿易摩擦の解消を図ることを示査した。

(八)

次の――線の**カタカナ**を**漢字一字**と**送りがな（ひらがな）**に直せ。

(10) 2×5

〈例〉問題に**コタエル**。　答える

6 観客から**エイタン**の声が漏れる。

7 法外な慰謝料を**セイキュウ**された。

8 母校から名選手が**ハイシュツ**した。

9 感激した聴衆が**イッセイ**に拍手した。

10 郷里では**キュウレキ**の正月を祝う。

11 旬の味覚が**ショクタク**に上る。

12 優勝は努力の**ケッショウ**だった。

13 川が増水し**ケイカイ**を強める。

14 興味深い**イツワ**が披露された。

15 学習**ジュク**に週三日通っている。

(六) 次の——線のカタカナを漢字に直せ。 (20) 2×10

1 広場の真ん中に**フン**水がある。
2 家庭的な**フン**囲気の店だ。

3 移籍先のチームで活**ヤク**した。
4 何度も災**ヤク**に見舞われた。

5 おおむね**ダ**当な提案だと思われた。
6 **ダ**落した生活を送っていた。

7 写真館で記念撮**エイ**する。
8 各地の精**エイ**チームが集まる。

9 稲の**ホ**が波打つ。
10 船の**ホ**を立てる。

1 他人に迷惑を**オヨボス**行為を慎む。
2 今夜から天気が**クズレル**そうだ。
3 水やりを忘れて苗木を**カラシ**た。
4 親族間の**ミニクイ**争いになった。
5 長年の恩義に**ムクイル**。

(九) 次の——線のカタカナを漢字に直せ。 (50) 2×25

1 法廷で証言を**キョヒ**する。
2 小高い丘の上に**ハクア**の城が立つ。
3 ともすれば**ワンリョク**に訴える。
4 **ダソク**ながら一言申し上げます。
5 **ケイチョウ**両用の礼服をあつらえる。

16 **スイトウ**にお茶を入れる。
17 初春の**コトブキ**を述べる。
18 無謀すぎて**ホ**められた話ではない。
19 **ク**ちた落ち葉が肥料になる。
20 **ウラカゼ**の吹く浜辺を歩く。
21 話が次第に**ニツ**まってきた。
22 逃げる男の**エリクビ**をつかんだ。
23 現実から目を**ソム**けない。
24 厚い雲が空を**オオ**っている。
25 理解しやすいよう**クダ**いて説明する。

▼解答は別冊14・15ページ

試験問題 8（準2級）

(一) 次の――線の**漢字の読み**を**ひらがな**で記せ。 (30) 1×30

1 旧伯爵邸がレストランに改装される。
2 首位から最下位に陥落した。
3 長年の迷妄はついに破られた。
4 学歴の詐称が発覚した。
5 苦渋の決断を強いられる。
6 先々代から呉服を商っている。
7 戸籍謄本の提出を求められた。
8 気圧が低くなると沸点が下がる。
9 天下に覇を唱える日が迫っていた。
10 艦船に最新のレーダーを搭載する。
11 既に久しく閑職に甘んじている。
12 景況は漸次回復に向かっている。
13 長々と駄文を連ねている。
14 いよいよご壮健で何よりです。

(二) 次の漢字の**部首**を記せ。 (10) 1×10

〈例〉 菜 〔艹〕 間 〔門〕

1 丹
2 青
3 瓶
4 虞
5 逸
6 堪
7 庸
8 幾
9 淑
10 衰

(三) **熟語の構成**のしかたには次のようなものがある。 (20) 2×10

ア 同じような意味の漢字を重ねたもの （**岩石**）
イ 反対または対応の意味を表す字を重ねたもの （**高低**）

(四) 次の**四字熟語**について、**問1**と**問2**に答えよ。 (30)

問1 後の［　］内のひらがなを**漢字**にして［1］～［10］に入れ、**四字熟語**を完成せよ。［　］内のひらがなは一度だけ使い、**答案用紙**に**一字記入**せよ。 (20) 2×10

ア 金［1］湯池
イ ［2］常一様
ウ 容姿［3］麗
エ 力戦奮［4］
オ 天涯孤［5］
カ ［6］非曲直
キ 古今無［7］
ク 勧善［8］悪
ケ 率先垂［9］
コ 千［10］万紅

15 父への土産に吟醸酒を買った。
16 実力を遺憾なく発揮する。
17 師のもとで心身の研磨に励んだ。
18 自らの浅慮を深く恥じる。
19 金輪際御免こうむりたい。
20 大学の弓道部に所属している。
21 堀の周りをのんびり散歩する。
22 女王陛下よりお言葉を賜った。
23 兄が薦める本を読んでみた。
24 ぬかるみで転んで泥まみれになった。
25 棟上げを祝って酒を振る舞う。
26 日一日と痛みが和らいできた。
27 真実を語ることを誓う。
28 季節はずれの霜が降りた。
29 岩壁の中ほどに大きな洞があった。
30 ホースの筒先を炎に向ける。

ウ 上の字が下の字を修飾しているもの（**洋画**）
エ 下の字が上の字の目的語・補語になっているもの（**着席**）
オ 上の字が下の字の意味を打ち消しているもの（**非常**）

次の熟語は右の**ア〜オ**のどれにあたるか、**一つ**選び、**記号にマーク**せよ。

1 扶助
2 遭難
3 弊風
4 無為
5 起伏
6 土壌
7 慶弔
8 退廷
9 義憤
10 朗詠

し・じょう・じん・ぜ
そう・たん・ちょう・とう
どく・はん

問2 次の11〜15の**意味**にあてはまるものを**問1**の**ア〜コの四字熟語**から**一つ**選び、**記号にマーク**せよ。

(10) 2×5

11 必死になって頑張る。
12 色とりどりの花が咲き乱れているさま。
13 特段変わったところのないこと。
14 まず自分が手本を示すこと。
15 きわめて守りがかたいこと。

(五) 次の1〜5の**対義語**、6〜10の**類義語**を後の□の中から選び、**漢字**で記せ。□の中の語は一度だけ使うこと。

(20) 2×10

対義語

1 召還
2 煩雑
3 解放
4 尊大
5 売却

類義語

6 哀訴
7 看過
8 安眠
9 忍耐
10 面倒

がまん・かんりゃく・けんきょ
こうにゅう・じゅくすい・そくばく
たんがん・はけん・もくにん
やっかい

(七) 次の各文にまちがって使われている**同じ読みの漢字**が**一字**ある。**上に誤字**を、**下に正しい漢字**を記せ。

(10) 2×5

1 絶滅の虞があるコウノトリの人口繁殖と生息環境整備が国内各地で進む。

2 高い偽造防止技術を持つ日本の造幣局が、外国の硬価の製造を受注した。

3 政府は経済政索の一つとして返済不要の給付型奨学金制度を創設した。

4 雄大な挑望を誇る市営ロープウェーが財政難から廃止を検討されている。

5 収賄の疑惑に包まれた革僚を更迭し、野党の攻撃の矛先をかわそうとした。

(八) 次の――線の**カタカナ**を**漢字一字**と**送りがな（ひらがな）**に直せ。

(10) 2×5

〈例〉問題に**コタエル**。 答える

6 企業の**リンリ**が問われる。

7 草花を描いた**スイサイガ**を見る。

8 **ゴウカ**な披露宴に招かれた。

9 体の**ヘイコウ**を保つ。

10 山深い**ケイリュウ**で魚を釣る。

11 倉庫に**ヨジョウ**品を保管する。

12 **バクゼン**とした案で具体性に欠ける。

13 切れた**ケイコウ**灯を交換する。

14 現状を**コウテイ**的に見る意見が多い。

15 アルコールで**サッキン**消毒する。

(六) 次の――線のカタカナを漢字に直せ。 (20) 2×10

1 組織の中スウで活躍している。
2 先駆者に対しスウ敬の念を抱く。
3 引用文の典キョを巻末に記す。
4 違法建築物の撤キョを命じられた。
5 差別やヘン見のない社会を目指す。
6 一枚の絵に普ヘン的な美を見いだす。
7 既に勝利をカク信していた。
8 問題のカク心に迫る。
9 おみくじを枝にユわえた。
10 天下をユるがす大事件だった。

1 アザヤカニゴールを決めた。
2 友人に借金を申し入れてコバマれた。
3 あまりの惨状に目をソムケた。
4 かんでフクメルように教える。
5 ひと月ぶりの雨に草木がウルオウ。

(九) 次の――線のカタカナを漢字に直せ。 (50) 2×25

1 少年のジュンスイな行動が胸を打つ。
2 シンミョウな顔で説教を聞いている。
3 山海のチンミに舌つづみを打つ。
4 旧友と再会してカンルイにむせんだ。
5 夫人をドウハンして出席した。
16 書類をミップウして手渡す。
17 ウルシにかぶれて皮膚が赤くなる。
18 母娘ともにフタエまぶただ。
19 春の名残をオしむ。
20 カの鳴くような小さい声だ。
21 ワクにはまった生き方を嫌う。
22 目のアラい網で漁をする。
23 居間の掛け時計がクルっている。
24 白菜がほどよくツかった。
25 三人掛かりで人形をアヤツる。

▼解答は別冊16・17ページ

(一) 次の――線の漢字の読みをひらがなで記せ。

(30) 1×30

1 独立に至る道を模索している。
2 基本的人権を享有する。
3 剛直な人柄で知られている。
4 心得違いを懇々と諭された。
5 恩師を結婚式の主賓に迎える。
6 飢餓に苦しむ人々を支援する。
7 巧拙の差はいかんともしがたい。
8 向かってくる敵を次々と粉砕した。
9 父から囲碁の手ほどきを受けた。
10 赤ん坊が機嫌良さそうに笑っている。
11 大学で解剖学を専攻した。
12 政治の腐敗に義憤を覚える。
13 店舗数が漸次増えていった。
14 受験で私立二校を併願する。

(二) 次の漢字の部首を記せ。

(10) 1×10

〈例〉 菜 [艹] 間 [門]

1 酢
2 寧
3 磨
4 翻
5 喪

6 痴
7 再
8 甘
9 朴
10 畜

(三) 熟語の構成のしかたには次のようなものがある。

(20) 2×10

ア 同じような意味の漢字を重ねたもの （岩石）
イ 反対または対応の意味を表す字を重ねたもの （高低）

(四) 次の四字熟語について、問1と問2に答えよ。

(30)

問1 後の□内のひらがなを漢字にして[1]〜[10]に入れ、四字熟語を完成せよ。□内のひらがなは一度だけ使い、答案用紙に一字記入せよ。

(20) 2×10

ア 大同小[1]
イ 一朝一[2]
ウ 泰然自[3]
エ 百[4]夜行
オ [5]利多売

カ 故事来[6]
キ 勇[7]果敢
ク 深山幽[8]
ケ 英[9]豪傑
コ 千載一[10]

15 捕虜として収容されていた。
16 年の瀬は煩忙を極めた。
17 無窮の天空を仰ぎ見る。
18 政界と財界の癒着が取りざたされた。
19 会報の頒価を決める。
20 偉大な師を崇敬する。
21 臭みのない平明な文章を書く。
22 妹の婚約がとんとん拍子に調った。
23 浦風が潮の香りを運んでくる。
24 無数の赤とんぼが飛び交っている。
25 店員から釣り銭を受け取った。
26 あえて口幅ったいことを申し上げた。
27 とても一筋縄ではいかない。
28 十年の間に町はすっかり廃れていた。
29 棚卸しのため休業する。
30 せっけんの泡立ちがよい。

ウ 上の字が下の字を修飾しているもの（**洋画**）
エ 下の字が上の字の目的語・補語になっているもの（**着席**）
オ 上の字が下の字の意味を打ち消しているもの（**非常**）

次の熟語は右の**ア～オ**のどれにあたるか、**一つ**選び、**記号にマーク**せよ。

1 凡庸
2 叙情
3 明滅
4 奔流
5 勧奨
6 無謀
7 防疫
8 独吟
9 遵法
10 疎密

い・き・ぐう・こく
じゃく・しゅん・せき・はく
もう・れき

問2 次の11～15の**意味**にあてはまるものを**問1**の**ア～コ**の**四字熟語**から**一つ**選び、**記号にマーク**せよ。 (10) 2×5

11 昔から伝わっていることがらや、そのいわれ。
12 何事も恐れず、決断力に富むさま。
13 得体の知れないものたちがのさばりはびこること。
14 ほんのわずかな時のたとえ。
15 全体としてほとんど違いのないこと。

9

(五) 次の1～5の**対義語**、6～10の**類義語**を後の□の中から選び、**漢字**で記せ。□の中の語は一度だけ使うこと。

(20) 2×10

対義語

1 不足
2 召還
3 融合
4 進出
5 左遷

類義語

6 強情
7 普通
8 逝去
9 落胆
10 屋敷

えいてん・えいみん・かじょう
がんこ・しょうちん・じんじょう
ていたく・てったい・はけん
ぶんり

(七) 次の各文にまちがって使われている**同じ読みの漢字**が**一字**ある。**上に誤字**を、**下に正しい漢字**を記せ。

(10) 2×5

1 夏山に軽操で入山し天候の激変に対応できず遭難するケースが頻発した。
2 社会人野球で活躍した元投手が母校から監督就任を打審され快諾した。
3 晩秋の済み渡った空の下、紅葉に覆われた寺の境内で散策を楽しんだ。
4 米国の輸入制限に各国が報復措致で応酬して泥沼状態になる虞があった。
5 披露宴の最後に、新郎新婦が両親に感謝の言葉を述べ花束を造呈した。

(八) 次の――線の**カタカナ**を**漢字一字**と**送りがな(ひらがな)**に直せ。

(10) 2×5

〈例〉問題に**コタエル**。 答える

6 丹精して**キク**を育てる。
7 **ユウカイ**された児童が保護された。
8 窓を開けて部屋の**カンキ**をする。
9 王妃の**ショウゾウ**画が飾られている。
10 **テッペキ**の守りで敵の攻撃を防ぐ。
11 ビタミン類が**ケツボウ**しがちだった。
12 **シッコク**の髪を長く垂らしている。
13 **ソウダイ**な景色に圧倒された。
14 手術の前に外科**ビョウトウ**に移る。
15 思いがけない大金を**カイチュウ**にした。

(六) 次の——線のカタカナを漢字に直せ。 (20) 2×10

1 作家を志す人のトウ竜門だ。
2 トウ突に質問されて戸惑う。
3 一刻のユウ予も許されない。
4 締め切りにはまだ余ユウがある。
5 苦手意識をコク服する。
6 凡作だとコク評された。
7 観光地図に名所をモウ羅する。
8 捜査のモウ点をつかれた。
9 会いたくて矢もタテもたまらない。
10 タテの物を横にもしない。

1 飲酒と喫煙をヒカエている。
2 湯をワカシて茶をいれる。
3 メズラシイ切手を集めている。
4 褒められてハジラウ様子が愛らしい。
5 池のコイが高くハネル。

(九) 次の——線のカタカナを漢字に直せ。 (50) 2×25

1 湖のほとりにハクアの館が立つ。
2 ユウキュウの宇宙に思いをはせる。
3 原稿のシッピツを依頼する。
4 さび止め用のトリョウを使う。
5 ピアノのバンソウで歌う。

16 強豪チームとゴカクに戦った。
17 忘れ物に気付いて家にモドる。
18 暑さがようやくヤワらいできた。
19 細心の注意をハラう。
20 痛いところをつかれて答えにツまる。
21 電話帳のページをクる。
22 入り口でウワグツに履き替える。
23 ご飯をタいておにぎりを作る。
24 猫の首にスズをつけるような話だ。
25 下手なサルシバイを演じる。

▼解答は別冊18・19ページ

（一） 次の――線の**漢字の読み**を**ひらがな**で記せ。 (30) 1×30

1 怠惰な生活を送ってきた。
2 明治維新の勲功により叙爵された。
3 犯罪を教唆した疑いがある。
4 校門を入ったところで予鈴が鳴った。
5 荒廃した古寺の再興を図る。
6 病気の平癒を心から願う。
7 にわかには首肯しがたい意見だ。
8 組織の全部門を統括する。
9 法廷で偽証して罪に問われる。
10 掛け値なしの傑作である。
11 車軸が著しく摩滅している。
12 剰余金の有効な使途を考える。
13 全国紙二紙を併読している。
14 覇気のある頼もしい青年だった。

（二） 次の漢字の**部首**を記せ。 (10) 1×10

〈例〉 菜 [艹]　間 [門]

1 献　2 慕　3 麦　4 宜　5 戻
6 亭　7 暦　8 謁　9 亜　10 般

（三） **熟語の構成**のしかたには次のようなものがある。 (20) 2×10

ア 同じような意味の漢字を重ねたもの （**岩石**）
イ 反対または対応の意味を表す字を重ねたもの （**高低**）

（四） 次の**四字熟語**について、**問1**と**問2**に答えよ。 (30)

問1 後の□内のひらがなを**漢字**にして 1 ～ 10 に入れ、**四字熟語**を完成せよ。□内のひらがなは一度だけ使い、**答案用紙**に**一字記入**せよ。 (20) 2×10

ア [1] 然自若
イ 緩 [2] 自在
ウ 率先垂 [3]
エ [4] 面仏心
オ 無味 [5] 燥
カ 夏炉冬 [6]
キ 酔生 [7] 死
ク [8] 志満満
ケ 愛別 [9] 苦
コ 感 [10] 無量

15 もはや安閑としてはいられない。
16 著名人の醜聞を週刊誌が取り上げる。
17 懇望されて媒酌の労を取る。
18 鉄瓶の湯が沸いている。
19 大規模な地殻変動が起きた。
20 看板の字を墨汁で黒々と書く。
21 選手たちの努力は賞賛に値した。
22 郷土の誉れとたたえられる。
23 但し、疑わしい点がなくもない。
24 丘の上から町を眺める。
25 堤防が決壊する虞がある。
26 唇をかんで悔しさをこらえる。
27 名コーチの指導の下で腕を磨いた。
28 会社の先行きをあれこれ思い煩う。
29 大安の日を選んで棟上げをした。
30 最寄りの駅まで歩いた。

ウ 上の字が下の字を修飾しているもの （**洋画**）
エ 下の字が上の字の目的語・補語になっているもの （**着席**）
オ 上の字が下の字の意味を打ち消しているもの （**非常**）

次の熟語は右の**ア～オ**のどれにあたるか、**一つ**選び、**記号にマーク**せよ。

1 核心
2 随意
3 不浄
4 塑像
5 愚痴
6 精粗
7 逓増
8 旋風
9 巧拙
10 撤兵

がい・かん・き・きゅう・せん・たい・とう・はん・む・り

問2 次の11～15の**意味**にあてはまるものを**問1のア～コの四字熟語**から**一つ**選び、**記号にマーク**せよ。 **(10)** 2×5

11 まず自分が手本を示すこと。
12 状況に応じて思うままに手綱さばきを変える。
13 おもしろみに欠けること。
14 落ち着き払って動じないさま。
15 何をするでもなく一生を終えること。

10

(五) 次の1～5の**対義語**、6～10の**類義語**を後の□の中から選び、**漢字**で記せ。□の中の語は一度だけ使うこと。 (20) 2×10

対義語

1 中枢
2 機敏
3 理論
4 尊敬
5 喪失

類義語

6 慶賀
7 丹念
8 長者
9 披露
10 互角

かくとく・けいぶ・こうひょう
じっせん・しゅくふく・ていねい
どんじゅう・はくちゅう・ふごう
まったん

(七) 次の各文にまちがって使われている**同じ読みの漢字**が**一字**ある。**上に誤字**を、**下に正しい漢字**を記せ。 (10) 2×5

1 旅行前に、旅先で事故や逃難に遭った際の補償がある保険に入った。
2 月周回衛星の観測データの解績で月の地下に大空洞の存在が確認された。
3 職人が卓悦した技術で繊細な装飾を施した陶磁器の人形に魅せられた。
4 宝石商を脅迫し貴金属と現金を強奪して逃走した男二人が待捕された。
5 超大型台風が各地で猛為を振るい、洪水と土砂崩れで多数の犠牲が出た。

(八) 次の――線の**カタカナ**を**漢字一字**と**送りがな（ひらがな）**に直せ。 (10) 2×5

〈例〉 問題に**コタエル**。 答える

6 ユニークな人生**テツガク**の持ち主だ。
7 物価の**ジョウショウ**傾向が続く。
8 高速道路の**ソウオン**に悩まされる。
9 祖父は好んで**カヨウ**曲を聴く。
10 連合**カンタイ**が港に集結した。
11 眼鏡で視力を**キョウセイ**する。
12 いつしか誇大**モウソウ**に陥っていた。
13 叔父の家は**ラクノウ**を営んでいる。
14 直ちに適切な**ソチ**がとられた。
15 辺りに**イシュウ**が漂っている。

(六) 次の——線のカタカナを漢字に直せ。 (20) 2×10

1 ニン娠中、体調の変化に気を配る。
2 暴政は残ニンを極めた。
3 医学史上カッ期的な発見だった。
4 肌がカッ色に焼けている。
5 雑務にボウ殺される。
6 ボウ大な戦費をつぎ込む。
7 大会でバツ群の成績を収めた。
8 党内の派バツ争いがやまない。
9 経緯をフまえて提案する。
10 フしてお願い申し上げる。

1 世間からカクレてひっそりと暮らす。
2 手放すにはオシイ絵だ。
3 他社製品にデザインでオトッている。
4 水不足で草がカレル。
5 朝晩の食事は寮でマカナワれる。

(九) 次の——線のカタカナを漢字に直せ。 (50) 2×25

1 主将が優勝杯をヘンカンした。
2 ノウムで電車のダイヤが乱れた。
3 太平洋最深のカイコウを探査する。
4 オウヒが皇太子を出産した。
5 徒歩による大陸横断にカカンに挑む。

16 ネボウしないよう早めに床に就く。
17 小鳥の声に耳をスませる。
18 メスの子猫をもらってきた。
19 資金がトボしくて起業できなかった。
20 アカツキを迎えるまで語り合った。
21 アルバイトをして学費をカセぐ。
22 シモフりのステーキ肉を買い求める。
23 バスはスデに出た後だった。
24 広い庭のあるヤシキに住む。
25 約束を守ることをチカう。

▼解答は別冊20・21ページ

(一) 次の――線の**漢字の読み**を**ひらがな**で記せ。 (30) 1×30

1 両横綱の争覇戦が長く続いた。
2 謙譲の精神を発揮する。
3 自信作を師に酷評された。
4 パリに駐在する大使が召還された。
5 入寮を希望する社員が増えている。
6 事実に立脚した意見を述べる。
7 酒宴で漢詩を吟詠した。
8 本懐を遂げる時まで精進を怠らない。
9 人倫にもとる行為が横行する。
10 党の実力者に協力を懇請した。
11 従来の学説の誤りを喝破する。
12 当社の試金石となる企画である。
13 母校に著書を謹呈する。
14 一代で巨万の富を築いた傑物だ。

(二) 次の漢字の**部首**を記せ。 (10) 1×10

〈例〉 菜 [艹]　間 [門]

1 斉
2 企
3 扉
4 隷
5 準
6 邸
7 奨
8 宵
9 卑
10 煩

(三) **熟語の構成**のしかたには次のようなものがある。 (20) 2×10

ア 同じような意味の漢字を重ねたもの （**岩石**）
イ 反対または対応の意味を表す字を重ねたもの （**高低**）

(四) 次の**四字熟語**について、**問1**と**問2**に答えよ。 (30)

問1 後の□内のひらがなを**漢字**にして1～10に入れ、**四字熟語**を完成せよ。□内のひらがなは一度だけ使い、**答案用紙**に**一字記入**せよ。 (20) 2×10

ア 遺 1 千万
イ 優勝 2 敗
ウ 吉 3 禍福
エ 軽 4 妄動
オ 色即 5 空
カ 徹頭徹 6
キ 天下泰 7
ク 栄 8 盛衰
ケ 感 9 無量
コ 良風美 10

15 磨耗したタイヤを交換した。
16 踏切で事故が頻発している。
17 贈賄の容疑で取り調べを受ける。
18 しばらくは安寧が維持されていた。
19 出席者の意見を包括する。
20 寄せられた浄財で本堂を再建する。
21 褒められて得意満面になる。
22 両者を併せて考える必要がある。
23 高いビルに日差しを遮られる。
24 祖母の喪に服している。
25 村の氏神さまにお参りする。
26 かきの実が赤く熟れてきた。
27 がけの中ほどに大きな洞がある。
28 焼き上がった器を窯から取り出す。
29 読み終わった本を棚に戻す。
30 年老いた尼が寺を守る。

ウ 上の字が下の字を修飾しているもの（**洋画**）
エ 下の字が上の字の目的語・補語になっているもの（**着席**）
オ 上の字が下の字の意味を打ち消しているもの（**非常**）

次の熟語は右の**ア〜オ**のどれにあたるか、**一つ**選び、**記号にマーク**せよ。

1 分析
2 料亭
3 賠償
4 未詳
5 虚実

6 叙勲
7 隠顕
8 仙境
9 盗塁
10 点滅

がい・かん・きょ・きょう
こ・ぜ・ぞく・び
へい・れっ

問2 次の11〜15の**意味**にあてはまるものを**問1**の**ア〜コ**の**四字熟語**から**一つ**選び、**記号にマーク**せよ。 (10) 2×5

11 力の強弱が結果を左右する。
12 世の中が治まって穏やかなさま。
13 非常に残念なこと。
14 初めから終わりまで。
15 うるわしいならわしやしきたり。

11

(五) 次の1〜5の**対義語**、6〜10の**類義語**を後の□の中から選び、**漢字**で記せ。□の中の語は一度だけ使うこと。 (20) 2×10

対義語

1 削除
2 煩雑
3 末端
4 逸材
5 不足

類義語

6 同等
7 辛抱
8 監禁
9 降格
10 薄情

かじょう・かんりゃく・させん
ちゅうすう・てんか・にんたい
ひってき・ぼんさい・ゆうへい
れいたん

(七) 次の各文にまちがって使われている**同じ読みの漢字**が**一字**ある。**上に誤字**を、**下に正しい漢字**を記せ。 (10) 2×5

1 勇壮な響きと華礼な演出で知られる和太鼓の芸能集団が海外公演をした。
2 育児・介護休業の制度拡充を図る法改正案を巡り国会で議論が紛窮した。
3 町の広場で週三回朝市があり、産地直送の生薦食品が廉価で購入できる。
4 条例で崩壊や放火の虞がある空き家の管理ないし撤拠が義務づけられた。
5 蚊などの害虫が嫌う防虫剤の成分を生地に含む衣類が頒売されている。

(八) 次の――線の**カタカナ**を**漢字一字**と**送りがな(ひらがな)**に直せ。 (10) 2×5

〈例〉 問題に**コタエル**。 答える

6 ルールを**ダンリョク**的に運用する。
7 **ボウダイ**な資料に目を通す。
8 **メンゼイ**店が観光客でにぎわう。
9 テレビ局が**ゴラク**番組に力を入れる。
10 手伝いをして**ダチン**をもらった。
11 **ワンガン**道路を快適にドライブする。
12 風邪の**ショウジョウ**が出始めた。
13 質問が問題の**カクシン**をつく。
14 高原の**セイリョウ**な空気を吸う。
15 事態に**ジュウナン**に対処する。

(六) 次の――線のカタカナを漢字に直せ。 (20) 2×10

1 懲エキ刑が言い渡された。
2 動植物は空港で検エキを受ける。

3 ソ暴な振る舞いが目に余る。
4 学友とはいつしかソ遠になった。

5 歌謡曲ファンの人気を独センする。
6 セン細なタッチで静物を描く。

7 私立探テイに調査を依頼した。
8 空気のテイ抗を減らす工夫をする。

9 幾エにもおわび申し上げます。
10 傘のエに名札を付ける。

(九) 次の――線のカタカナを漢字に直せ。 (50) 2×25

1 偽造されたシヘイが見つかった。
2 トンネルがついにカンツウした。
3 書斎で一人モクソウにふける。
4 辺りが急にソウゾウしくなった。
5 心のキンセンに触れる映画だった。

1 勝ってホコラシイ気分になる。
2 甘い言葉にマドワサれた。
3 緊張のあまり声がフルエル。
4 新入生の歓迎会をモヨオス。
5 クダケた話し方をする。

16 空に向けてイカク射撃をする。
17 見当違いもハナハだしい。
18 湯をワかして茶をいれる。
19 みかんのハコヅめが届いた。
20 アサナワで泥棒を縛り上げる。
21 ついイネムりをした。
22 芝生がヨツユにぬれている。
23 皆様のご健康をおイノりします。
24 ウえて死ぬ人が珍しくなかった。
25 ニクらしいほど腕が立つ。

▼解答は別冊22・23ページ

（一） 次の――線の**漢字の読み**を**ひらがな**で記せ。 (30) 1×30

1 古今東西の文献を渉猟する。
2 会規の遵守を誓約する。
3 師に崇敬の念を抱く。
4 伝統的製造法の孤塁を守る。
5 小枝かと思ったら虫の擬態だった。
6 友好国の王妃が国賓として来日した。
7 字の稚拙な手紙だった。
8 頑として聞き入れない。
9 廊下を満遍なくぞうきんがけした。
10 トビがゆっくりと旋回している。
11 遭難者の捜索に向かう。
12 予鈴を聞いて教室に急ぐ。
13 自転車はしばらく惰力で走った。
14 数々の旧悪が露顕した。

（二） 次の漢字の**部首**を記せ。 (10) 1×10

〈例〉 菜［艹］ 間［門］

1 囚
2 殼
3 斤
4 摩
5 軟
6 衷
7 迭
8 真
9 享
10 再

（三） **熟語の構成**のしかたには次のようなものがある。 (20) 2×10

ア 同じような意味の漢字を重ねたもの （**岩石**）
イ 反対または対応の意味を表す字を重ねたもの （**高低**）

（四） 次の**四字熟語**について、問1と問2に答えよ。 (30)

問1 後の［ ］内のひらがなを**漢字**にして［1］～［10］に入れ、**四字熟語**を完成せよ。［ ］内のひらがなは一度だけ使い、**答案用紙**に**一字記入**せよ。 (20) 2×10

ア 青天［1］日
イ 大［2］不敵
ウ 信賞必［3］
エ 傍［4］無人
オ ［5］面仏心
カ ［6］天動地
キ 玉石［7］交
ク 初志貫［8］
ケ 昼夜［9］行
コ 金科玉［10］

15 開店資金の調達に奔走する。

16 遷都にはさまざまな困難が伴った。

17 かかりつけの医院は休診だった。

18 空襲の惨禍を記録に残す。

19 飲酒運転した職員が懲戒処分となる。

20 業務内容が定款に明記されている。

21 肝の据わったリーダーだった。

22 宵っ張りの癖がついた。

23 炎が風に揺らめいている。

24 はぐれた子供を血眼で捜す。

25 俗悪で見るに堪えない番組だった。

26 考えるのも煩わしかった。

27 車のドアにコートのすそが挟まった。

28 辞任の要求をきっぱりと拒んだ。

29 金魚が藻をつついている。

30 諸方の窯元を訪ねて回る。

ウ 上の字が下の字を修飾しているもの　（**洋画**）

エ 下の字が上の字の目的語・補語になっているもの　（**着席**）

オ 上の字が下の字の意味を打ち消しているもの　（**非常**）

次の熟語は右の**ア〜オ**のどれにあたるか、**一つ**選び、**記号にマーク**せよ。

1 恭賀

2 彼我

3 愉快

4 懇願

5 弔辞

6 抗菌

7 往還

8 未到

9 謹慎

10 収賄

き・きょう・けん・こん
じゃく・じょう・たん・てつ
はく・ばつ

問2 次の11〜15の**意味**にあてはまるものを**問1**の**ア〜コ**の**四字熟語**から**一つ**選び、**記号にマーク**せよ。 (10) 2×5

11 度胸があっておそれを知らないこと。

12 辺りはばからず勝手放題に振る舞う。

13 功績や罪過に厳正に報いること。

14 休むことなく仕事を続けること。

15 世間をびっくりさせること。

(五) 次の1～5の**対義語**、6～10の**類義語**を後の□の中から選び、**漢字**で記せ。□の中の語は一度だけ使うこと。 (20) 2×10

対義語

1 清浄
2 凝固
3 慶賀
4 賢明
5 懐柔

類義語

6 根底
7 倫理
8 秀逸
9 熟睡
10 譲歩

あいとう・あんぐ・あんみん
いあつ・おだく・きばん
だきょう・どうとく・ばつぐん
ゆうかい

(七) 次の各文にまちがって使われている**同じ読みの漢字**が**一字**ある。上に**誤字**を、**下に正しい漢字**を記せ。 (10) 2×5

1 優雅な雰位気で客を魅了する豪華客船にも価格競争の波が迫っている。
2 政府は個人消費を喚起するため月末金曜日の早めの退社を奨例した。
3 駅前の商業施設は食料品部門の充実ぶりが評判を呼び活境を呈している。
4 高性能カメラを搭載した宇宙担査機から小惑星の画像が送られてきた。
5 地域住民の憩いの森が観光地化し、交通従滞の頻発や森の荒廃を招いた。

(八) 次の――線の**カタカナ**を**漢字一字**と**送りがな(ひらがな)**に直せ。 (10) 2×5

〈例〉 問題に**コタエル**。 答える

6 なつかしい**カヨウ**曲を口ずさむ。
7 ライバルの**チョウセン**を受けて立つ。
8 家の冷蔵庫に**ジュミョウ**がきた。
9 バスを専用の**チュウシャ**場にとめる。
10 皆さん、ご**セイシュク**に願います。
11 火山灰の**リュウシ**の大きさを測る。
12 学齢人口が**ゼンジ**減少している。
13 人里に現れた熊が**ホカク**された。
14 まだ時間に**ヨユウ**がある。
15 **シツゲン**特有の植物が生い茂る。

(六) 次の――線のカタカナを漢字に直せ。 (20) 2×10

1 広告のバイ体は多様化している。
2 損害のバイ償に応じる。

3 お手を拝シャクいたします。
4 祖父の晩シャクに付き合う。

5 重苦しいドン天を見上げる。
6 人の気持ちにドン感すぎる。

7 故郷に帰ってイン居する。
8 漢詩のイン律を整える。

9 妹の顔は母にニている。
10 台所で芋をニている。

1 親にアマヤカサれて育った。
2 めざましい発展をトゲル。
3 クサイ演技だと嫌味を言われた。
4 話はツキルことがなかった。
5 暴飲暴食が体に害をオヨボシた。

(九) 次の――線のカタカナを漢字に直せ。 (50) 2×25

1 ガスのセンを忘れずに閉める。
2 馬から落ちて全身をダボクした。
3 火口からフンエンが立ち上る。
4 選挙で野党のヤクシンが目立った。
5 本の返却をトクソクされた。

16 よく訓練されたモウドウケンだ。
17 スズしい木陰で読書をする。
18 暮らしにウルオいが生じる。
19 縁側でネコが丸くなっている。
20 マッチをスって火をともす。
21 城のホリの周りを散策する。
22 ズボンのタケを詰める。
23 鉄瓶の湯がワいている。
24 考えるだけで心がハズむ。
25 花を摘んでカンムリを編む。

▼解答は別冊24・25ページ

試験問題 13（準2級）

（一）次の――線の**漢字の読み**を**ひらがな**で記せ。（30）1×30

1 郷里が生んだ俊傑の伝記を読む。
2 もはや妥協の余地はなかった。
3 融資の申し入れは直ちに拒絶された。
4 一夜明けて喜びが沸々とわいてきた。
5 座礁した漁船の救助に向かう。
6 原爆の惨禍を人々に伝える。
7 ひなびた温泉宿で旅愁に浸った。
8 努めて滋養に富む物を食べる。
9 艦艇が集結して出撃を待つ。
10 漆細工の逸品が展示されていた。
11 空漠とした荒野が広がっている。
12 海岸に沿って摩天楼が林立する。
13 宴席で漢詩を吟詠する。
14 辺境で幽囚の身となった。

（二）次の漢字の**部首**を記せ。（10）1×10

〈例〉菜［艹］　間［門］

1 亭
2 践
3 撤
4 鳥
5 瓶
6 帥
7 臭
8 舞
9 恭
10 扇

（三）**熟語の構成**のしかたには次のようなものがある。（20）2×10

ア 同じような意味の漢字を重ねたもの（**岩石**）
イ 反対または対応の意味を表す字を重ねたもの（**高低**）

（四）次の**四字熟語**について、**問1**と**問2**に答えよ。（30）

問1 後の［ ］内のひらがなを**漢字**にして［1］～［10］に入れ、**四字熟語**を完成せよ。［ ］内のひらがなは一度だけ使い、**答案用紙**に**一字記入**せよ。（20）2×10

ア 快刀乱［1］
イ ［2］知徹底
ウ ［3］機応変
エ 気炎万［4］
オ 熟［5］断行
カ 主［6］転倒
キ 延命［7］災
ク ［8］風堂堂
ケ 色即［9］空
コ 器用貧［10］

15 これまで人生を大いに享楽してきた。
16 しばし渓声に耳を傾けていた。
17 証人の一人として出廷する。
18 かつては幕府直轄の要地だった。
19 ビルの設計上の欠陥を指摘された。
20 酔っ払って醜態をさらした。
21 犠牲になった人々を丁重に弔う。
22 君の手を煩わすまでもない。
23 年度末に商品の棚卸しをする。
24 洗いたての肌着を身につける。
25 土地の坪当たりの価格を調べる。
26 増水して川の中州が水中に没した。
27 総会に諮って決定する。
28 挿し木をして庭木をふやす。
29 ダムの建設に十年の歳月を費やした。
30 浮ついた態度を一喝された。

ウ 上の字が下の字を修飾しているもの（**洋画**）
エ 下の字が上の字の目的語・補語になっているもの（**着席**）
オ 上の字が下の字の意味を打ち消しているもの（**非常**）

次の熟語は右の**ア～オ**のどれにあたるか、**一つ**選び、**記号にマーク**せよ。

1 安泰
2 未来
3 贈賄
4 栄辱
5 克己

6 硝煙
7 哀悼
8 上棟
9 興廃
10 頻発

い・かく・しゅう・じょう
ぜ・そく・ぼう・ま
りょ・りん

問2 次の11～15の**意味**にあてはまるものを**問1**の**ア～コの四字熟語**から**一つ**選び、**記号にマーク**せよ。 (10) 2×5

11 達者で長生きすること。
12 よく考え思い切って実施する。
13 順序や立場、軽重などが逆になること。
14 こじれた物事を鮮やかに解決する。
15 いかめしく立派なさま。

13

(五) 次の1〜5の**対義語**、6〜10の**類義語**を後の□の中から選び、**漢字**で記せ。□の中の語は一度だけ使うこと。 (20) 2×10

対義語

1 高慢
2 遠方
3 騰貴
4 統合
5 販売

類義語

6 残念
7 削除
8 回顧
9 披露
10 将来

いかん・きんりん・げらく・けんきょ・こうにゅう・こうひょう・ぜんと・ついおく・ぶんれつ・まっしょう

(七) 次の各文にまちがって使われている**同じ読みの漢字**が**一字**ある。**上に誤字**を、**下に正しい漢字**を記せ。 (10) 2×5

1 過租の町が耕作放棄地を利用して果樹を栽培し、特産化を目指している。
2 歴史ある神社の境内の塀を創建当時の工法を到襲して修復する。
3 独特な渦巻き状の殻をもつ新種アンモナイトの化石が国内で発届された。
4 車が大破する衝突事故を起こしたが運よく打撲症を負っただけで済んだ。
5 文壇への登竜紋とされる賞の受賞作は新しい感性の出現を告げていた。

(八) 次の――線の**カタカナ**を**漢字一字**と**送りがな(ひらがな)**に直せ。 (10) 2×5

〈例〉 問題に**コタエル**。 答える

6 山頂に立つと**チョウボウ**が開ける。
7 割った皿の代金を**ベンショウ**した。
8 優れた**ドウサツ**力を持っている。
9 患部を冷やして痛みを**カンワ**する。
10 **グウスウ**月の十日に市が立つ。
11 濫伐が大洪水の**ゲンキョウ**だった。
12 **カイチュウ**電灯で照らす。
13 カルシウムの**セッシュ**に努める。
14 **カンリョウ**が企業に天下りする。
15 子供の**ソボク**な疑問に答える。

(六) 次の――線のカタカナを漢字に直せ。　(20) 2×10

1 思わず娘に愚**チ**をこぼした。
2 珍しく全員の意見が一**チ**した。
3 相互**フ**助の精神に基づき設立された。
4 俳句の起源と系**フ**をたどる。
5 当局の責任を**キュウ**弾する。
6 **キュウ**陵に住宅地が開発された。
7 つらい過去は全て忘**キャク**したい。
8 劇の**キャク**本を執筆する。
9 草木の汁で布を**ソ**める。
10 プレゼントに手紙を**ソ**える。

1 風にあおられ帽子が**ヌゲル**。
2 **シブイ**味のワインを好む。
3 持病からくるせきに**ナヤマサ**れる。
4 悲しみに沈む友人を**ナグサメル**。
5 多大な損害を**コウム**ッた。

(九) 次の――線のカタカナを漢字に直せ。　(50) 2×25

1 **キッサ**店でコーヒーを注文する。
2 文字を**ラレツ**しただけの文章だ。
3 手の**コウ**で額の汗をぬぐった。
4 無免許の営業が**モクニン**されていた。
5 会社側との**コウショウ**がまとまった。

16 奇抜な**エガラ**のスカーフを買う。
17 山道で大きな**ヘビ**を見かけた。
18 懇願されて**イヤ**と言えなかった。
19 川の**ツツミ**を散歩する。
20 **タダ**し開封後は冷蔵保存とする。
21 年の瀬が迫り**アワ**ただしい日が続く。
22 悪党どもを**コ**らしめる。
23 はぐれた子を**チマナコ**になって捜す。
24 間隔を次第に**セバ**めた。
25 お**マワ**りさんに道を尋ねる。

▼解答は別冊26・27ページ

（一） 次の――線の**漢字の読み**を**ひらがな**で記せ。 (30) 1×30

1 書状を謹啓で書き始める。
2 一日も安閑としてはいられない。
3 印象的なエピソードを挿入する。
4 開襟シャツで通学する。
5 上司が部下に責任を転嫁する。
6 戦争を憎悪するようになった。
7 誠に汗顔の至りです。
8 ばかにされたと思って私怨を抱く。
9 古城は形骸だけをとどめていた。
10 どうか堪忍してください。
11 思いがけない筆禍に遭う。
12 奨学金の返還の猶予を願い出る。
13 ありあわせのさかなで晩酌する。
14 当時のデータはあらかた散逸した。

（二） 次の漢字の**部首**を記せ。 (10) 1×10

〈例〉 菜 〔艹〕 間 〔門〕

1 斬
2 勅
3 塞
4 尿
5 音
6 者
7 軟
8 遷
9 囚
10 亜

（三） **熟語の構成**のしかたには次のようなものがある。 (20) 2×10

ア 同じような意味の漢字を重ねたもの （**岩石**）
イ 反対または対応の意味を表す字を重ねたもの （**高低**）

（四） 次の**四字熟語**について、問1と問2に答えよ。 (30)

問1 次の**四字熟語**の（1～10）に入る適切な語を下の□の中から選び、**漢字二字**で記せ。 (20) 2×10

ア 竜頭（ 1 ）
イ 閑月（ 2 ）
ウ 要害（ 3 ）
エ 意気（ 4 ）
オ 綱紀（ 5 ）
カ （ 6 ）喝采
キ （ 7 ）奪胎
ク （ 8 ）奮闘

かんこつ
きんか
けんご
こぐん
しゅうか
しゅくせい
しょうてん
たき
だび
はくしゅ

15 浅薄な知識をひけらかす。

16 解毒剤を飲むと症状が治まった。

17 静かな森の中で思索にふける。

18 故人の遺族を弔問した。

19 壮図むなしく挫折した。

20 堕落した暮らしから抜け出す。

21 窓辺でギターを爪弾く。

22 奴隷同然に虐げられてきた。

23 大きな釜でご飯を炊いた。

24 袖をたくし上げて忙しく立ち働く。

25 嘲られて思わずかっとなる。

26 才気あふれる友人を妬む。

27 上っ面だけで判断するきらいがある。

28 口にするのも汚らわしい。

29 よく懐いて片時も離れようとしない。

30 美々しく飾られた山車を引く。

ウ 上の字が下の字を修飾しているもの （**洋画**）

エ 下の字が上の字の目的語・補語になっているもの （**着席**）

オ 上の字が下の字の意味を打ち消しているもの （**非常**）

次の熟語は右の**ア～オ**のどれにあたるか、**一つ**選び、**記号にマーク**せよ。

1 頒価

2 旋回

3 籠城

4 疎密

5 義憤

6 未詳

7 監督

8 衆寡

9 赦免

10 逐次

ケ （ 9 ）玉条

コ （ 10 ）亡羊

問2

次の11～15の**意味**にあてはまるものを**問1**の**ア～コの四字熟語**から**一つ**選び、**記号にマーク**せよ。

(10) 2×5

11 地勢が険しく、防備が万全なさま。

12 この上なく大切な決まりや教え。

13 助けもなく一人で懸命に努力する。

14 選択肢が幾つもあって迷うこと。

15 最初の勢いが続かず尻すぼみになること。

㈤ 次の1～5の**対義語**、6～10の**類義語**を後の□の中から選び、**漢字**で記せ。□の中の語は一度だけ使うこと。

(20) 2×10

対義語

1 不毛
2 高遠
3 緩慢
4 横柄
5 炎暑

類義語

6 調停
7 寄与
8 祝福
9 法師
10 脅迫

いかく・けいが・けんきょ
こうけん・こっかん・じんそく
そうりょ・ちゅうさい・ひきん
ひよく

㈦ 次の各文にまちがって使われている**同じ読みの漢字**が**一字**ある。**上に誤字**を、**下に正しい漢字**を記せ。

(10) 2×5

1 新開発の無人田植え機は、水田の四隅や取水口の場所などの情報を基にして自らの位置を派握し苗を植える。

2 カナダの新紙幣に、人種差別政策に抗議する運動を主導した黒人女性の小像画が採用された。

3 古都の夜を彩る薪能が朱塗りの社殿が背景に浮かび上がる特設舞台で演じられ観客は幽元の世界に陶酔した。

4 中国が開発した鳥型の提察用ロボットは飛び方がハトによく似ているためしばしばタカなどに襲撃される。

5 世界各地で常食される昆虫は肉や魚などに必敵する量のタンパク質や繊維質、脂肪を含んでいる。

㈧ 次の――線の**カタカナ**を**漢字一字**と**送りがな（ひらがな）**に直せ。

(10) 2×5

〈例〉 問題に**コタエル**。 答える

6 帽子をとって軽く**エシャク**する。

7 両国の経済力に**ウンデイ**の差がある。

8 辞書の使い方を**ハンレイ**で確かめる。

9 第一戦で**ザンパイ**を喫した。

10 童歌に**キョウシュウ**を誘われる。

11 己の**ザイゴウ**の深さにおののく。

12 **クンプウ**が吹き渡る季節になった。

13 囲炉裏の火に**テツビン**を掛ける。

14 綿から糸を**ツム**ぎ出す。

15 子供が猫と**タワム**れている。

(六) 次の――線のカタカナを漢字に直せ。 (20) 2×10

1 空港でケンエキを受ける。
2 既得ケンエキを確保する。
3 二列ジュウタイで前進する。
4 事務がジュウタイしている。
5 町内の道路をセイソウする。
6 既に百年のセイソウを経た。
7 彼のひと言が心のキンセンに触れた。
8 キンセン出納帳をつける。
9 吉日を選んでムネ上げをする。
10 正直をムネとして商売に励む。

1 対戦相手の実力をアナドラない。
2 流行がたちまちスタレル。
3 この一年でイチジルシク成長した。
4 屋上の社旗がヒルガエッている。
5 年とともに記憶力がオトロエル。

(九) 次の――線のカタカナを漢字に直せ。 (50) 2×25

1 好評で在庫品がフッテイしている。
2 何ともヤッカイなことになった。
3 大広間に宴会のハイゼンをする。
4 机の上をセイトンする。
5 寺院建築のソウゴンさに圧倒された。

16 サゲスむような目で見られる。
17 米俵を楽々と肩にカツぐ。
18 つい口がスベって母親を怒らせた。
19 借金にまみれ倒産のウき目を見た。
20 物価高で財布のひもをシめる。
21 ワキバラの筋肉を鍛える。
22 果敢に強敵にイドんだ。
23 一寸のコウイン軽んずべからず。
24 豚にシンジュ。
25 舌の根のカワかぬうち。

▼解答は別冊28・29ページ

2級

漢検

日本漢字能力検定 答案用紙

注意点がうらにありますので、よく読んでから解答してください。
(一)・(二)・(四)問1・(五)〜(九)は記述式、(三)・(四)問2はマークシート方式です。
(三)・(四)問2の答えは該当する「 」に一つだけマークしてください。
この用紙をおりまげたり、よごしたりしないでください。

性別　男　女

生年月日
西暦　年　月　日

※印字されていない場合は、□の中に生年月日を記入。
<記入例>
生年月日が2001年（平成13年）1月1日なら
2001年01月01日

訂正
西暦　年　月　日
※生年月日に誤りがある場合、訂正「 」にマークし、
■の中に正しい生年月日を記入。

マーク記入例
○のように「 」をきれいにぬりつぶしてください。
○　×

ご記入いただきました個人情報は、当協会の検定にかかわる業務にのみ使用します。

（ただし、検定にかかわる業務に際し、業務提携会社に作業を委託する場合があります。）

ご記入いただきました個人情報にかかわるお問い合わせは、下記までお願いします。

（公財）日本漢字能力検定協会　https://www.kanken.or.jp/privacy/

(一) 読み (30)　1×30

10	9	8	7	6	5	4	3	2	1

(二) 部首 (10)　1×10

7	6	5	4	3	2	1

(四) 四字熟語 (30)
問1 書き取り　2×10

6	5	4	3	2	1

〈悪い例〉
※〈良い例〉のように「 」をきれいにぬりつぶしてください。

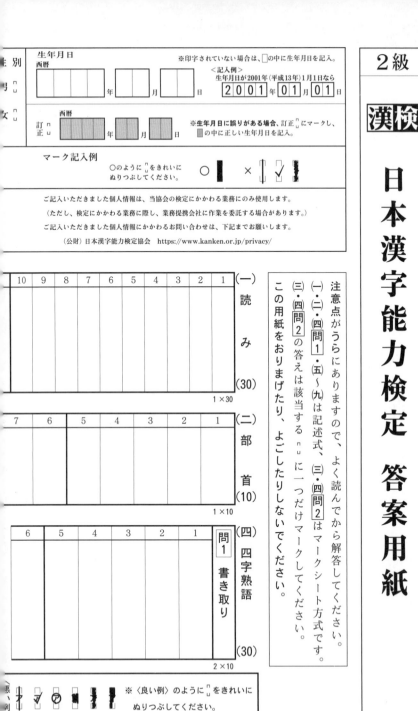

会場番号	会場名	受検番号	氏名	ふりがな
0 1 2 3 4 5 6 7 8 9 (×7)		0 1 2 3 4 5 6 7 8 9 (×6)	※印字されていない場合は氏名を記入。	

※氏名に誤りがある場合、右上の訂正にマークし、正しい氏名を記入。

30	29	28	27	26	25	24	23	22	21	20	19	18	17	16	15	14	13

(三) 熟語の構成 (20)

10	9	8	7	6	5	4	3	2	1
ア イ ウ エ オ	ア イ ウ エ オ	ア イ ウ エ オ	ア イ ウ エ オ	ア イ ウ エ オ	ア イ ウ エ オ	ア イ ウ エ オ	ア イ ウ エ オ	ア イ ウ エ オ	ア イ ウ エ オ

2×10

10	9	8

問2 意味

15	14	13	12	11
カ キ ク ケ コ / ア イ ウ エ オ	カ キ ク ケ コ / ア イ ウ エ オ	カ キ ク ケ コ / ア イ ウ エ オ	カ キ ク ケ コ / ア イ ウ エ オ	カ キ ク ケ コ / ア イ ウ エ オ

2×5

10	9	8	7

マーク記入方法	の上から下までＨＢ・Ｂ・２Ｂの鉛筆またはシャープペンシルできれいにぬりつぶしてください。 間違ってマークしたものは鉛筆の黒いあとが残らないように消しゴムできれいに消してください。
マーク記入注意	次のような解答は機械が正しく読み取らず、無効となりますのでご注意ください。 ボールペンでのマーク・うすいマーク・からはみ出ているマーク・を２つ以上ぬりつぶしているマーク

マーク記入例　アが正解　〈良い例〉

(五) 対義語・類義語 (20)

10	9	8	7	6	5	4	3	2	1

2 ×10

(六) 同音・同訓異字 (20)

2	1

2 ×10

(七) 誤字訂正 (10)

	5	4	3	2	1
誤					
正					

2 × 5

(八) 漢字と送りがな (10)

4	3	2	1

2 × 5

8	17	16	15	14	13	12	11	10	9	8	7	6

K L M
X Y Z

ないでください。答えが書けなくても必ず提出してください。

答となることがありますので、ご注意ください。

〔注意点〕

① 答えはすべてこの用紙に書きなさい。
② あいずがあるまで、はじめてはいけません。(時間は**60分**です。)
③ 問題についての説明はありませんので、問題をよく読んでから答えを書きなさい。
④ 答えは、ＨＢ・Ｂ・２Ｂの鉛筆またはシャープペンシルで書きなさい。(**ボールペンや万年筆等は使用しないこと**)
⑤ 答えは、**楷書**でわく内いっぱいに**大きくはっきり**書きなさい。
とくに漢字の**書き取り問題**では**はねるところ・とめるところ**など、はっきり書きなさい。
行書体や草書体のようにくずした字や、乱雑な字は**検定の対象**にはなりません。

〈続けて書いてはいけないところ〉
例 ○糸−×糸・○灬−×灬・○口−×口

△合否その他に関する問い合わせにはいっさい応じられません。

(公財) 日本漢字能力検定協会

〔不許複製〕

10	9	8	7	6	5	4

(九) 書き取り (50) 2×25

5	4	3	2	1

(下へつづく)

25	24	23	22	21	20	19

これより下は記入しないこと。

年度

回 日程 級

この用紙はおりまげたり、よごしたり

乱雑な字や、うすくて読みにくい字に

常用漢字表 付表（熟字訓・当て字など）

＊小・中・高：小学校・中学校・高等学校のどの時点で学習するかの割り振りを示した。
※以下に挙げられている語を構成要素の一部とする熟語に用いてもかまわない。
例「河岸（かし）」→「魚河岸（うおがし）」／「居士（こじ）」→「一言居士（いちげんこじ）」

付表1

語	読み	小	中	高
明日	あす	●		
小豆	あずき		●	
海女・海士	あま			●
硫黄	いおう		●	
意気地	いくじ		●	
田舎	いなか		●	
息吹	いぶき			●
海原	うなばら		●	
乳母	うば		●	
浮気	うわき			●
浮つく	うわつく		●	
笑顔	えがお		●	
叔父・伯父	おじ		●	
大人	おとな	●		
乙女	おとめ		●	
叔母・伯母	おば		●	
お巡りさん	おまわりさん		●	
お神酒	おみき			●
母屋・母家	おもや			●
母さん	かあさん	●		
神楽	かぐら			●
河岸	かし			●
鍛冶	かじ		●	
風邪	かぜ		●	
固唾	かたず		●	
仮名	かな		●	
蚊帳	かや			●
為替	かわせ		●	
河原・川原	かわら	●		
昨日	きのう	●		
今日	きょう	●		
果物	くだもの	●		
玄人	くろうと			●
今朝	けさ	●		
景色	けしき	●		
心地	ここち		●	

語	読み	小	中	高
居士	こじ			●
今年	ことし	●		
早乙女	さおとめ		●	
雑魚	ざこ			●
桟敷	さじき			●
差し支える	さしつかえる		●	
五月	さつき		●	
早苗	さなえ		●	
五月雨	さみだれ		●	
時雨	しぐれ		●	
尻尾	しっぽ		●	
竹刀	しない		●	
老舗	しにせ		●	
芝生	しばふ		●	
清水	しみず	●		
三味線	しゃみせん		●	
砂利	じゃり		●	

語	読み	小	中	高
数珠	じゅず			●
上手	じょうず	●		
白髪	しらが		●	
素人	しろうと			●
師走	しわす（しはす）			●
数寄屋・数奇屋	すきや			●
相撲	すもう		●	
草履	ぞうり		●	
山車	だし			●
太刀	たち		●	
立ち退く	たちのく		●	
七夕	たなばた	●		
足袋	たび		●	
稚児	ちご			●
一日	ついたち	●		
築山	つきやま			●
梅雨	つゆ		●	

語	読み	小	中	高
凸凹	でこぼこ		●	
手伝う	てつだう	●		
伝馬船	てんません			●
投網	とあみ			●
父さん	とうさん	●		
十重二十重	とえはたえ			●
読経	どきょう			●
時計	とけい	●		
友達	ともだち	●		
仲人	なこうど			●
名残	なごり		●	
雪崩	なだれ		●	
兄さん	にいさん	●		
姉さん	ねえさん	●		
野良	のら			●
祝詞	のりと			●
博士	はかせ	●		

語	読み	小	中	高
二十・二十歳	はたち		●	
二十日	はつか	●		
波止場	はとば		●	
一人	ひとり	●		
日和	ひより		●	
二人	ふたり	●		
二日	ふつか	●		
吹雪	ふぶき		●	
下手	へた	●		
部屋	へや	●		
迷子	まいご	●		
真面目	まじめ	●		
真っ赤	まっか	●		
真っ青	まっさお	●		
土産	みやげ		●	
息子	むすこ		●	
眼鏡	めがね	●		

語	読み	小	中	高
猛者	もさ			●
紅葉	もみじ		●	
木綿	もめん		●	
最寄り	もより		●	
八百長	やおちょう			●
八百屋	やおや	●		
大和	やまと		●	
弥生	やよい		●	
浴衣	ゆかた			●
行方	ゆくえ		●	
寄席	よせ			●
若人	わこうど		●	

付表2

語	読み	小	中	高
愛媛	えひめ	●		
茨城	いばらき	●		
岐阜	ぎふ	●		
鹿児島	かごしま	●		
滋賀	しが	●		
宮城	みやぎ	●		
神奈川	かながわ	●		
鳥取	とっとり	●		
大阪	おおさか	●		
富山	とやま	●		
大分	おおいた	●		
奈良	なら	●		

都道府県名

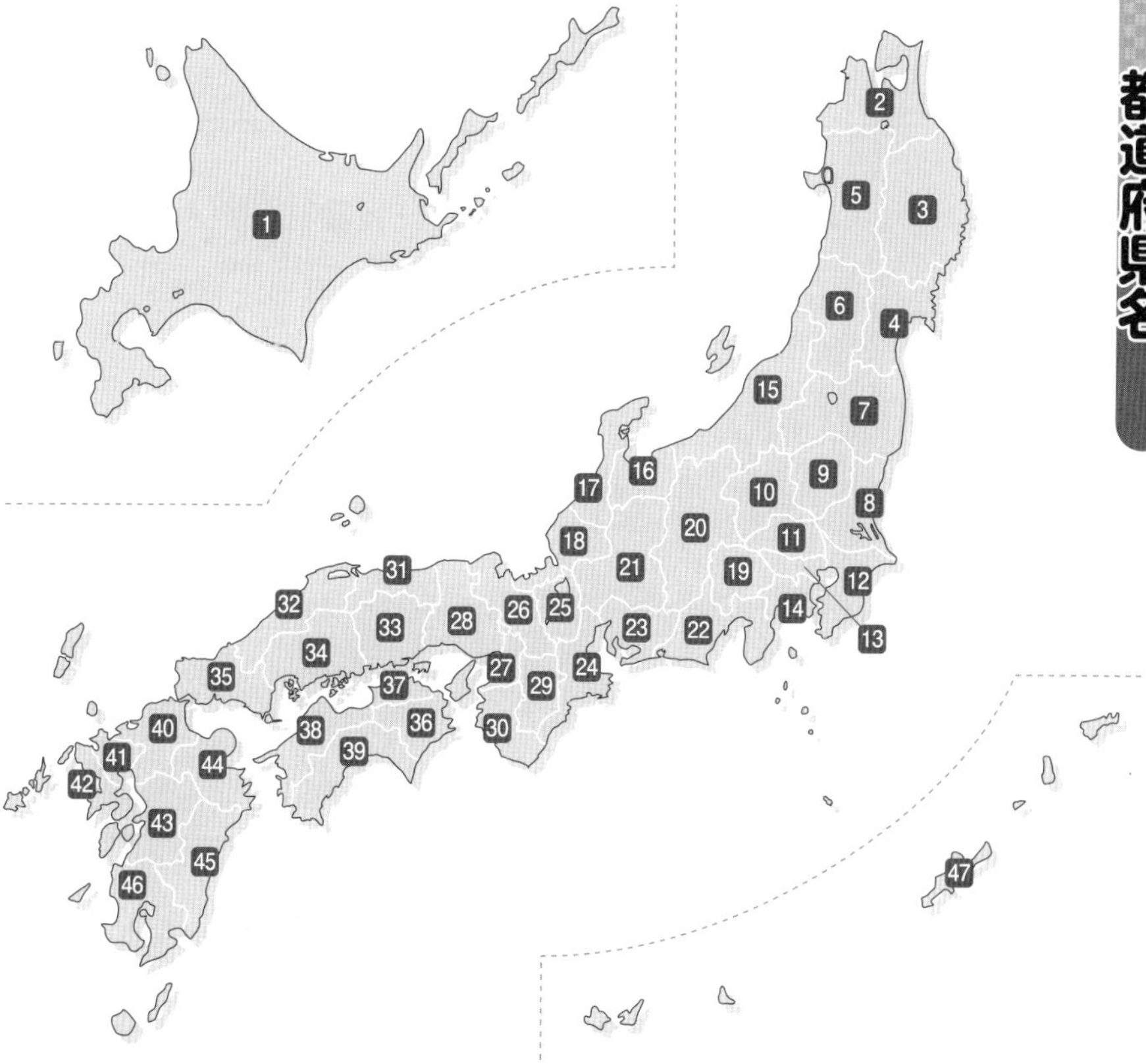

1	2	3	4	5	6	7	8	9	10	11	12	13	14	15	16
北海道《ほっかいどう》	青森県《あおもりけん》	岩手《いわて》県	宮城《みやぎ》県	秋田《あきた》県	山形《やまがた》県	福島《ふくしま》県	茨城《いばらき》県	栃木《とちぎ》県	群馬《ぐんま》県	埼玉《さいたま》県	千葉《ちば》県	東京都《とうきょうと》	神奈川《かながわ》県	新潟《にいがた》県	富山《とやま》県

17	18	19	20	21	22	23	24	25	26	27	28	29	30	31	32
石川《いしかわ》県	福井《ふくい》県	山梨《やまなし》県	長野《ながの》県	岐阜《ぎふ》県	静岡《しずおか》県	愛知《あいち》県	三重《みえ》県	滋賀《しが》県	京都府《きょうとふ》	大阪《おおさか》府	兵庫《ひょうご》県	奈良《なら》県	和歌山《わかやま》県	鳥取《とっとり》県	島根《しまね》県

33	34	35	36	37	38	39	40	41	42	43	44	45	46	47
岡山《おかやま》県	広島《ひろしま》県	山口《やまぐち》県	徳島《とくしま》県	香川《かがわ》県	愛媛《えひめ》県	高知《こうち》県	福岡《ふくおか》県	佐賀《さが》県	長崎《ながさき》県	熊本《くまもと》県	大分《おおいた》県	宮崎《みやざき》県	鹿児島《かごしま》県	沖縄《おきなわ》県

●本書に関するアンケート●

今後の出版事業に役立てたいと思いますので、アンケートにご協力ください。抽選で粗品をお送りします。

◆PC・スマートフォンの場合

下記URL、または二次元コードから回答画面に進み、画面の指示に従ってお答えください。

https://www.kanken.or.jp/kanken/textbook/past.html

◆愛読者カード（ハガキ）の場合

本書挟み込みのハガキに切手を貼《は》り、お送りください。

漢検 準2級 過去問題集

2024年２月20日　第１版第２刷　発行
編　者　公益財団法人 日本漢字能力検定協会
発行者　山崎　信夫
印刷所　大日本印刷株式会社
発行所　公益財団法人 日本漢字能力検定協会
〒605-0074 京都市東山区祇園町南側551番地
☎(075)757-8600
ホームページhttps://www.kanken.or.jp/

Printed in Japan
ISBN978-4-89096-489-5 C0081
乱丁・落丁本はお取り替えいたします。

公益財団法人 日本漢字能力検定協会

漢検

漢検 過去問題集

標準解答

準2級

目次

準2級
試験問題1 標準解答……2
試験問題2 標準解答……4
試験問題3 標準解答……6
試験問題4 標準解答……8
試験問題5 標準解答……10
試験問題6 標準解答……12
試験問題7 標準解答……14
試験問題8 標準解答……16
試験問題9 標準解答……18
試験問題10 標準解答……20
試験問題11 標準解答……22
試験問題12 標準解答……24
試験問題13 標準解答……26
＊付録
2級 試験問題 標準解答……28
データでみる「漢検」……30

別冊

本体からはなしてお使いください。

漢検 公益財団法人 日本漢字能力検定協会

700489 (1-2)

準2級 試験問題 1 標準解答【本冊16～19ページ】

(一) 読み (30) 1×30

17	16	15	14	13	12	11	10	9	8	7	6	5	4	3	2	1
かんぷ	かびん	ありゅう	ふんがい	へいき	ゆうちょう	はぎょう	そうにゅう	だぶん	こうしゃく	こくじ	けいぶ	ちょうい	ふんさい	ほんかい	どじょう	たいと

(二) 部首 (10) 1×10

合格者平均得点 7.5/10

10	9	8	7	6	5	4	3	2	1
山	寸	小	穴	言	火	門	二	凵	面

(四) 四字熟語 (30) 問1 書き取り 2×10

格者 得点 3.9/20

10	9	8	7	6	5	4	3	2	1
忍	励	雷	躍	福	依	柔	鋭	髪	浅

(五) 対義語・類義語 (20) 2×10

合格者平均得点 14.9/20

10	9	8	7	6	5	4	3	2	1
頑強	黙殺	野暮	匹敵	盲点	哀悼	罷免	分離	繁殖	凡人

(七) 誤字訂正 (10) 2×5

合格者平均得点 6.9/10

	5	4	3	2	1
誤	謄	作	接	激	演
正	騰	策	折	撃	宴

(八) 漢字と送りがな (10) 2×5

3	2	1
汚れる	沈め	掲げる

17	16	15	14	13	12	11	10	9	8	7	6
癒	譲歩	寛大	矯正	累計	忌	貫通	予鈴	均衡	生涯	威嚇	誘惑

合格者平均得点 27.7 / 30

30	29	28	27	26	25	24	23	22	21	20
なごり	や	つぐな	やわ	うるし	ちか	はたあ	も	かばしら	しぶかわ	かくりょう

合格者平均得点 14.9 / 20

10	9	8	7	6	5	4	3	2	1
オ	ウ	エ	ウ	エ	イ	ウ	ア	イ	ア

2×10

合格者平均得点 8.7 / 10

15	14	13	12	11
コ	ケ	イ	カ	ア

合格者平均得点 15.5 / 20

10	9	8	7	6	5	4	3	2	1
頼	便	慎	診	督	匿	雰	噴	縦	充

2×10

合格者平均得点 7.8 / 10

5	4
輝い	甚だしい

(九) 書き取り (50)

5	4	3	2	1
中枢	粘土	満喫	太鼓	宿泊

2×25

合格者平均得点 40.0 / 50

25	24	23	22	21	20	19
琴	蛍	幾	刃	踊	居眠	畳

学習日 月 日

／200

(一) 読み (30) 1×30

1	2	3	4	5	6	7	8	9	10	11	12	13	14	15	16	17
まめつ	かんしょう	は	しさく	ちょうぼう	ゆうしゅう	こくひん	かんてつ	こうかく	しょうやく	こんきゅう	いご	せつゆ	すうはい	ふつふつ	きんげん	けんぎ

(二) 部首 (10) 1×10

1	2	3	4	5	6	7	8	9	10
疒	行	匚	斉	口	巾	罒	欠	氵	釆

合格者平均得点 7.1 / 10

(四) 四字熟語 問1 書き取り (30) 2×10

1	2	3	4	5	6	7	8	9	10
跡	磨	依	罰	柔	倒	適	落	私	乏

各者 得点 3.3 0

(五) 対義語・類義語 (20) 2×10

1	2	3	4	5	6	7	8	9	10
凡才	謙虚	実践	警戒	親密	左遷	着服	繁栄	抜群	抹消

合格者平均得点 15.5 / 20

(七) 誤字訂正 (10) 2×5

	1	2	3	4	5
誤	預	倍	激	決	症
正	与	培	撃	結	床

合格者平均得点 7.5 / 10

(八) 漢字と送りがな (10) 2×5

1	2	3
臭く	伸ばし	寂れる

6	7	8	9	10	11	12	13	14	15	16	17
寛大	分析	銘	淑女	浴槽	昆布	完了	顕微鏡	突進	糾弾	今昔	履

20	21	22	23	24	25	26	27	28	29	30
しょさい	ほり	わらべ	す	さ	おお	ほら	まかな	おもしろ	かたよ	ほ

合格者平均得点 26.9/30

1	2	3	4	5	6	7	8	9	10
ア	ウ	オ	イ	ア	エ	ウ	イ	エ	ウ

合格者平均得点 14.6/20

2×10

11	12	13	14	15
オ	ウ	カ	ク	キ

合格者平均得点 8.9/10

1	2	3	4	5	6	7	8	9	10
迫	舶	騰	筒	狂	郷	潜	旋	甘	余

合格者平均得点 15.9/20

2×10

5
触ら

合格者平均得点 7.9/10

(九) 書き取り (50)

1	2	3	4	5
露骨	申請	没収	開封	葬式

2×25

19	20	21	22	23	24	25
繭	病	里芋	網棚	肩幅	戻	小豆

合格者平均得点 38.2/50

学習日 月 日

/200

(一) 読み (30) 1×30

1	2	3	4	5	6	7	8	9	10	11	12	13	14	15	16	17
あんかん	かっぱ	けんさく	ぎんえい	とうほん	へんこう	がいかつ	じゅんしょく	ふんぜん	せんりょ	だじゃく	にんぷ	ふっとう	きゅうせい	こくじ	はいぜつ	けんしょう

(二) 部首 (10) 1×10

1	2	3	4	5	6	7	8	9	10
方	日	殳	石	頁	辰	虫	衣	音	穴

合格者平均得点 7.3/10

(四) 四字熟語 問1 書き取り (30) 2×10

1	2	3	4	5	6	7	8	9	10
健	敵	暮	恒	船	衣	我	歴	如	棟

格者均得点 3.0/20

(五) 対義語・類義語 (20) 2×10

1	2	3	4	5	6	7	8	9	10
迅速	美麗	任命	哀悼	独創	延期	生涯	忍耐	介入	仰天

合格者平均得点 15.6/20

(七) 誤字訂正 (10) 2×5

	1	2	3	4	5
誤	徹	奇	的	昇	依
正	撤	危	摘	焼	維

合格者平均得点 7.0/10

(八) 漢字と送りがな (10) 2×5

1	2	3
遂げる	煙たく	澄まし

6	7	8	9	10	11	12	13	14	15	16	17
刑罰	症状	拒否	冷房	覇気	休憩	楽譜	浮上	豪邸	熱烈	碁石	背丈

20	21	22	23	24	25	26	27	28	29	30
けんぎ	すず	かまもと	つつし	いつわ	こうむ	もっぱ	まかな	あわ	かわぐつ	すけだち

合格者平均得点 27.5／30

1	2	3	4	5	6	7	8	9	10
イ	ウ	ア	エ	ア	オ	ウ	イ	ウ	エ

2×10

合格者平均得点 15.3／20

11	12	13	14	15
コ	イ	キ	オ	ア

合格者平均得点 8.0／10

1	2	3	4	5	6	7	8	9	10
剖	傍	眺	彫	序	叙	称	尚	閉	研

2×10

合格者平均得点 15.8／20

	5
飽	響く

合格者平均得点 8.0／10

(九) 書き取り (50)

1	2	3	4	5
融資	販売	病魔	川柳	奔走

2×25

18	19	20	21	22	23	24	25
帆	獣道	暦	誓	網棚	愚	汁粉	藻

合格者平均得点 40.0／50

学習日 月 日

／200

準2級 試験問題 4 標準解答【本冊28～31ページ】

(一) 読み (30) 1×30

1	2	3	4	5	6	7	8	9	10	11	12	13	14	15	16	17
しょうきゃく	ふんきゅう	てきぎ	しゃくい	けいりゅう	しゅくぜん	せいやく	こんせい	さいばい	ゆうよ	せん	こうてつ	ひんど	べってい	くうばく	ばいたい	だせい

(二) 部首 (10) 1×10

1	2	3	4	5	6	7	8	9	10
舟	至	虍	巾	口	罒	辶	力	革	⻗

合格者平均得点 7.0/10

(四) 四字熟語 (30) 問1 書き取り 2×10

1	2	3	4	5	6	7	8	9	10
尾	薄	闘	鋭	為	鯨	尋	亡	離	秩

各者 得点 3.5 0

(五) 対義語・類義語 (20) 2×10

1	2	3	4	5	6	7	8	9	10
中枢	尊大	凡人	祝賀	懐柔	追憶	頑固	盲点	憂慮	貧困

合格者平均得点 14.7/20

(七) 誤字訂正 (10) 2×5

	1	2	3	4	5
誤	向	動	致	派	触
正	購	導	置	破	殖

合格者平均得点 7.2/10

(八) 漢字と送りがな (10) 2×5

1	2	3
震える	涼しい	鍛える

6	7	8	9	10	11	12	13	14	15	16	7
疾患	間隔	愚問	帰還	紳士	水筒	往来	輪郭	落雷	累計	吐息	夹

20	21	22	23	24	25	26	27	28	29	30
さんどう	はなは	う	えりくび	まゆ	よこなぐ	ととの	わずら	たなだ	もっぱ	なだれ

合格者平均得点 26.9/30

1	2	3	4	5	6	7	8	9	10
イ	ア	ウ	エ	ア	ウ	イ	エ	オ	ア

2×10

合格者平均得点 15.9/20

11	12	13	14	15
ク	コ	ケ	ウ	エ

合格者平均得点 9.1/10

1	2	3	4	5	6	7	8	9	10
侮	歩	呈	帝	席	析	滑	轄	透	澄

2×10

合格者平均得点 15.8/20

5
驚く

合格者平均得点 7.8/10

(九) 書き取り (50)

1	2	3	4	5
充血	繁栄	地獄	探偵	晩酌

2×25

19	20	21	22	23	24	25
金網	炎	脅	眺	履	己	水浸

合格者平均得点 39.1/50

学習日 月 日

/200

(一) 読み (30) 1×30

1	2	3	4	5	6	7	8	9	10	11	12	13	14	15	16	17
さいせき	いつだつ	そしゃく	さんどう	へいしゃ	しゃこう	こうしゃく	よくそう	まんべん	ほんぽう	ぶんせき	きゅうくつ	かんぷ	きょうらく	せんせい	けんしん	かんぼつ

(二) 部首 (10) 1×10

合格者平均得点 7.2 / 10

1	2	3	4	5	6	7	8	9	10
手	行	一	戸	虍	亻	麻	亠	氺	耒

(四) 四字熟語 (30) 2×10

合格者平均得点 3.2 / 20

問1 書き取り

1	2	3	4	5	6	7	8	9	10
霧	傑	即	薄	面	致	衰	東	劣	陣

(五) 対義語・類義語 (20) 2×10

合格者平均得点 16.1 / 20

1	2	3	4	5	6	7	8	9	10
反抗	多忙	実践	沈降	卑下	考慮	幽閉	他界	悠久	頑強

(七) 誤字訂正 (10) 2×5

合格者平均得点 7.1 / 10

	1	2	3	4	5
誤	視	宰	件	待	頒
正	紫	催	懸	逮	販

(八) 漢字と送りがな (10) 2×5

1	2	3
浸っ	迎える	渋い

6	7	8	9	10	11	12	13	14	15	16	17
朗詠	妊婦	殉職	寡黙	免除	抽出	愉快	傾向	撮影	帰還	胞子	忍

合格者平均得点 27.2/30

30	29	28	27	26	25	24	23	22	21	20
おじ	ひとあわ	さ	から	かばしら	なかす	は	くつず	み	おおわく	じう

合格者平均得点 15.3/20

10	9	8	7	6	5	4	3	2	1
イ	エ	イ	オ	ウ	ア	エ	イ	ウ	ア

2×10

合格者平均得点 8.3/10

15	14	13	12	11
カ	ウ	エ	オ	イ

2

合格者平均得点 15.6/20

10	9	8	7	6	5	4	3	2	1
悟	諭	燥	壮	闘	棟	皆	介	婚	懇

2×10

合格者平均得点 8.2/10

5	4
占う	企て

(九) 書き取り (50)

5	4	3	2	1
一括	鮮度	生涯	脚注	挑発

2×25

学習日 月 日

/200

合格者平均得点 38.8/50

25	24	23	22	21	20	19
幾重	唐草	揺	溝	稲妻	歯茎	挟

(一) 読み (30) 1×30

1	2	3	4	5	6	7	8	9	10	11	12	13	14	15	16	17
がんしょう	せったく	がん	りしゅう	かくしん	しょうぞう	きんこう	はいおく	まもう	ししゅく	ひんしゅつ	ふんいき	ばいかい	ついとう	けんあん	ようしょう	だぶん

(二) 部首 (10) 1×10

合格者平均得点 7.5/10

1	2	3	4	5	6	7	8	9	10
田	行	米	十	儿	大	缶	辶	又	片

(四) 四字熟語 (30) 問1 書き取り 2×10

格者 均得点 5.4/20

1	2	3	4	5	6	7	8	9	10
猛	離	遍	紫	励	抗	劣	慮	衣	周

(五) 対義語・類義語 (20) 2×10

合格者平均得点 14.6/20

1	2	3	4	5	6	7	8	9	10
享楽	撤去	老練	湿潤	詳細	匹敵	仰天	左遷	盲点	抜群

(七) 誤字訂正 (10) 2×5

合格者平均得点 7.9/10

	1	2	3	4	5
誤	噴	投	奪	苦	績
正	粉	騰	脱	駆	跡

(八) 漢字と送りがな (10) 2×5

1	2	3
訴え	避ける	諭さ

6	7	8	9	10	11	12	13	14	15	16	17
免疫	静寂	昆布	呉服	没頭	粘土	快諾	賠償	風鈴	仙人	消臭	珍

20	21	22	23	24	25	26	27	28	29	30
しゅぎょく	もちゅう	かせ	しぶかわ	うけたまわ	かきね	たづな	うるし	みさき	う	はがね

合格者平均得点 26.9 / 30

1	2	3	4	5	6	7	8	9	10
エ	イ	ア	ウ	イ	エ	ア	ウ	オ	エ

2×10

合格者平均得点 14.5 / 20

11	12	13	14	15
ア	キ	コ	エ	ウ

合格者平均得点 9.2 / 10

1	2	3	4	5	6	7	8	9	10
殖	触	嘆	丹	困	懇	妃	披	胸	棟

2×10

合格者平均得点 15.6 / 20

5
汚く

合格者平均得点 7.7 / 10

(九) 書き取り (50)

1	2	3	4	5
栽培	遭遇	植樹	彫刻	微力

2×25

19	20	21	22	23	24	25
髪飾	殻	唇	濁	袋	賄	芝生

合格者平均得点 39.8 / 50

学習日 月 日

/200

(一) 読み (30) 1×30

1	2	3	4	5	6	7	8	9	10	11	12	13	14	15	16	17
そうこく	しゃくい	けんめい	そぼく	こるい	しゅくせい	ちっそく	じょじょう	たいだ	じゅうまん	ふつふつ	ちょうそ	きひん	ぎじ	えっけん	れんま	とくそく

(二) 部首 (10) 1×10

合格者平均得点 7.7/10

1	2	3	4	5	6	7	8	9	10
貝	釆	辛	火	虍	辶	門	艹	口	頁

(四) 四字熟語 (30) 2×10

問1 書き取り

格者 均得点 3.0/20

1	2	3	4	5	6	7	8	9	10
適	呉	沈	旨	却	到	条	棄	勧	脱

(五) 対義語・類義語 (20) 2×10

合格者平均得点 15.6/20

1	2	3	4	5	6	7	8	9	10
末端	享楽	獲得	普遍	派遣	肯定	低俗	尽力	平癒	我慢

(七) 誤字訂正 (10) 2×5

合格者平均得点 7.6/10

	1	2	3	4	5
誤	媒	販	携	屈	査
正	培	搬	継	掘	唆

(八) 漢字と送りがな (10) 2×5

1	2	3
及ぼす	崩れる	枯らし

6	7	8	9	10	11	12	13	14	15	16	17
詠嘆	請求	輩出	一斉	旧暦	食卓	結晶	警戒	逸話	塾	水筒	寿

合格者平均得点
27.0 / 30

30	29	28	27	26	25	24	23	22	21	20
か	た	くつ	とびら	きら	たむ	は	すぎ	しるこ	はなお	きょうてい

合格者平均得点
14.9 / 20

10	9	8	7	6	5	4	3	2	1
ウ	オ	イ	エ	ア	ウ	イ	エ	ウ	ア

2×10

合格者平均得点
8.7 / 10

15	14	13	12	11
コ	ア	カ	キ	イ

2

合格者平均得点
15.9 / 20

10	9	8	7	6	5	4	3	2	1
帆	穂	鋭	影	堕	妥	厄	躍	雰	噴

2×10

合格者平均得点
8.4 / 10

5	4
報いる	酬い

(九) 書き取り (50)

5	4	3	2	1
慶弔	蛇足	腕力	白亜	拒否

2×25

学習日　月　日

／200

合格者平均得点
38.4 / 50

25	24	23	22	21	20	19	18
砕	覆	背	襟首	煮詰	浦風	朽	褒

(一) 読み (30) 1×30

1	2	3	4	5	6	7	8	9	10	11	12	13	14	15	16	17	18
はくしゃく	かんらく	めいもう	さしょう	くじゅう	ごふく	とうほん	ふってん	は	とうさい	かんしょく	ぜんじ	だぶん	そうけん	ぎんじょう	いかん	けんま	

(二) 部首 (10) 1×10

合格者平均得点 7.1 / 10

1	2	3	4	5	6	7	8	9	10
丶	青	瓦	虍	辶	土	广	幺	氵	衣

(四) 四字熟語 (30) 問1 書き取り 2×10

合格者平均得点 2.4 / 20

1	2	3	4	5	6	7	8	9	10
城	尋	端	闘	独	是	双	懲	範	紫

(五) 対義語・類義語 (20) 2×10

合格者平均得点 15.2 / 20

1	2	3	4	5	6	7	8	9	10
派遣	簡略	束縛	謙虚	購入	嘆願	黙認	熟睡	我慢	厄介

(七) 誤字訂正 (10) 2×5

合格者平均得点 7.0 / 10

	1	2	3	4	5
誤	口	価	索	挑	革
正	工	貨	策	眺	閣

(八) 漢字と送りがな (10) 2×5

1	2	3
鮮やかに	拒ま	背け

6	7	8	9	10	11	12	13	14	15	16	17
倫理	水彩画	豪華	平衡	渓流	余剰	漠然	蛍光	肯定	殺菌	密封	漆

30	29	28	27	26	25	24	23	22	21	20
つつさき	ほら	しも	ちか	やわ	むねあ	どろ	すす	たまわ	ほり	きゅうどう

合格者平均得点 27.0 / 30

10	9	8	7	6	5	4	3	2	1
ウ	ウ	エ	イ	ア	イ	オ	ウ	エ	ア

2 × 10

合格者平均得点 14.9 / 20

15	14	13	12	11
ア	ケ	イ	コ	エ

2

合格者平均得点 8.3 / 10

10	9	8	7	6	5	4	3	2	1
揺	結	核	確	遍	偏	去	拠	崇	枢

2 × 10

合格者平均得点 16.9 / 20

5	4
潤う	含める

合格者平均得点 8.1 / 10

(九) 書き取り (50)

5	4	3	2	1
同伴	感涙	珍味	神妙	純粋

2 × 25

25	24	23	22	21	20	19	18
操	漬	狂	粗	枠	蚊	惜	二重

合格者平均得点 39.7 / 50

学習日 月 日

/200

(一) 読み (30) 1×30

1	2	3	4	5	6	7	8	9	10	11	12	13	14	15	16	17	18
もさく	きょうゆう	ごうちょく	こんこん	しゅひん	きが	こうせつ	ふんさい	いご	きげん	かいぼう	ぎふん	ぜんじ	へいがん	ほりょ	はんぼう	むきゅう	[illegible]

(二) 部首 (10) 1×10

1	2	3	4	5	6	7	8	9	10
酉	宀	石	羽	口	疒	門	甘	木	田

合格者平均得点 7.3/10

(四) 四字熟語 (30) 問1 書き取り 2×10

1	2	3	4	5	6	7	8	9	10
異	夕	若	鬼	薄	歴	猛	谷	俊	遇

合格者平均得点 4.8/20

(五) 対義語・類義語 (20) 2×10

1	2	3	4	5	6	7	8	9	10
過剰	派遣	分離	撤退	栄転	頑固	尋常	永眠	消沈	邸宅

合格者平均得点 15.9/20

(七) 誤字訂正 (10) 2×5

	1	2	3	4	5
誤	操	審	済	致	造
正	装	診	澄	置	贈

合格者平均得点 7.7/10

(八) 漢字と送りがな (10) 2×5

1	2	3
控え	沸かし	珍しい

6	7	8	9	10	11	12	13	14	15	16	17
菊	誘拐	換気	肖像	鉄壁	欠乏	漆黒	壮大	病棟	懐中	互角	[illegible]

20	21	22	23	24	25	26	27	28	29	30
すうけい	くさ	ととの	うらかぜ	か	つ	くちはば	ひとすじなわ	すた	たなおろ	あわだ

合格者平均得点 27.8 / 30

1	2	3	4	5	6	7	8	9	10
ア	エ	イ	ウ	ア	オ	エ	ウ	エ	イ

2×10

合格者平均得点 16.0 / 20

11	12	13	14	15
カ	キ	エ	イ	ア

2

合格者平均得点 8.5 / 10

1	2	3	4	5	6	7	8	9	10
登	唐	猶	裕	克	酷	網	盲	盾	縦

2×10

合格者平均得点 16.6 / 20

5
跳ねる

合格者平均得点 8.0 / 10

(九) 書き取り (50)

1	2	3	4	5
白亜	悠久	執筆	塗料	伴奏

2×25

19	20	21	22	23	24	25
払	詰	繰	上靴	炊	鈴	猿芝居

合格者平均得点 40.4 / 50

学習日 月 日

／200

準2級 試験問題 10 標準解答【本冊52～55ページ】

(一) 読み (30)

1	2	3	4	5	6	7	8	9	10	11	12	13	14	15	16	17
たいだ	くんこう	きょうさ	よれい	こうはい	へいゆ	しゅこう	とうかつ	ぎしょう	けっさく	まめつ	じょうよ	へいどく	はき	あんかん	しゅうぶん	ばいしゃく

1×30

(二) 部首 (10)

1	2	3	4	5	6	7	8	9	10
犬	小	麦	宀	戸	亠	日	言	二	舟

1×10

合格者平均得点 6.9 / 10

(四) 四字熟語 (30)

問1 書き取り

1	2	3	4	5	6	7	8	9	10
泰	急	範	鬼	乾	扇	夢	闘	離	慨

2×10

格者 均得点 3.9 / 20

(五) 対義語・類義語 (20)

1	2	3	4	5	6	7	8	9	10
末端	鈍重	実践	軽侮	獲得	祝福	丁寧	富豪	公表	伯仲

2×10

合格者平均得点 14.7 / 20

(七) 誤字訂正 (10)

	1	2	3	4	5
誤	逃	績	悦	待	為
正	盗	析	越	逮	威

2×5

合格者平均得点 7.9 / 10

(八) 漢字と送りがな (10)

1	2	3
隠れ	惜しい	劣っ

2×5

6	7	8	9	10	11	12	13	14	15	16	17
哲学	上昇	騒音	歌謡	艦隊	矯正	妄想	酪農	措置	異臭	寝坊	登

20	21	22	23	24	25	26	27	28	29	30
ぼくじゅう	あたい	ほま	ただ	なが	おそれ	くちびる	みが	わずら	むねあ	もよ

合格者平均得点 27.6 / 30

1	2	3	4	5	6	7	8	9	10
ア	エ	オ	ウ	ア	イ	ウ	ウ	イ	エ

2×10

合格者平均得点 14.5 / 20

11	12	13	14	15
ウ	イ	オ	ア	キ

合格者平均得点 8.3 / 10

1	2	3	4	5	6	7	8	9	10
妊	忍	画	褐	忙	膨	抜	閥	踏	伏

2×10

合格者平均得点 15.4 / 20

5
賄わ

合格者平均得点 8.1 / 10

(九) 書き取り (50)

1	2	3	4	5
返還	濃霧	海溝	王妃	果敢

2×25

19	20	21	22	23	24	25
乏	暁	稼	霜降	既	屋敷	誓

合格者平均得点 39.6 / 50

学習日　月　日

／200

(一) 読み (30) 1×30

1	2	3	4	5	6	7	8	9	10	11	12	13	14	15	16	17
そうは	けんじょう	こくひょう	しょうかん	にゅうりょう	りっきゃく	ぎんえい	ほんかい	じんりん	こんせい	かっぱ	しきんせき	きんてい	けつぶつ	まもう	ひんぱつ	ぞうわい

(二) 部首 (10) 1×10

1	2	3	4	5	6	7	8	9	10
斉	入	戸	隶	氵	阝	大	宀	十	火

合格者平均得点 6.8/10

(四) 四字熟語 (30) 2×10

問1 書き取り

1	2	3	4	5	6	7	8	9	10
憾	劣	凶	挙	是	尾	平	枯	慨	俗

格者 均得点 4.2/20

(五) 対義語・類義語 (20) 2×10

1	2	3	4	5	6	7	8	9	10
添加	簡略	中枢	凡才	過剰	匹敵	忍耐	幽閉	左遷	冷淡

合格者平均得点 16.0/20

(七) 誤字訂正 (10) 2×5

	1	2	3	4	5
誤	礼	窮	薦	拠	頒
正	麗	糾	鮮	去	販

合格者平均得点 7.1/10

(八) 漢字と送りがな (10) 2×5

1	2	3
誇らしい	惑わさ	震える

6	7	8	9	10	11	12	13	14	15	16	17
弾力	膨大	免税	娯楽	駄賃	湾岸	症状	核心	清涼	柔軟	威嚇	[illegible]

合格者平均得点 27.6 / 30

30	29	28	27	26	25	24	23	22	21	20
あま	もど	かま	ほら	う	うじがみ	も	さえぎ	あわ	ほ	じょうざい

合格者平均得点 14.7 / 20

10	9	8	7	6	5	4	3	2	1
イ	エ	ウ	イ	エ	イ	オ	ア	ウ	ア

2×10

合格者平均得点 8.6 / 10

15	14	13	12	11
コ	カ	ア	キ	イ

合格者平均得点 15.6 / 20

10	9	8	7	6	5	4	3	2	1
柄	重	抵	偵	繊	占	疎	粗	疫	役

2×10

合格者平均得点 8.0 / 10

5
砕け

(九) 書き取り (50)

5	4	3	2	1
琴線	騒騒々騒	黙想	貫通	紙幣

2×25

学習日　月　日

／200

合格者平均得点 40.0 / 50

25	24	23	22	21	20	19
憎	飢	祈	夜露	居眠	麻縄	箱詰

(一) 読み (30) 1×30

1	2	3	4	5	6	7	8	9	10	11	12	13	14	15	16	17
ぶんけん	せいやく	すうけい	こるい	ぎたい	こくひん	ちせつ	がん	まんべん	せんかい	そうさく	よれい	だりょく	ろけん	ほんそう	せんと	きゅうしん

(二) 部首 (10) 1×10

1	2	3	4	5	6	7	8	9	10
口	殳	斤	手	車	衣	辶	目	亠	門

(四) 四字熟語 (30) 問1 書き取り 2×10

1	2	3	4	5	6	7	8	9	10
白	胆	罰	若	鬼	驚	混	徹	兼	条

(五) 対義語・類義語 (20) 2×10

1	2	3	4	5	6	7	8	9	10
汚濁	融解	哀悼	暗愚	威圧	基盤	道徳	抜群	安眠	妥協

(七) 誤字訂正 (10) 2×5

	1	2	3	4	5
誤	位	例	境	担	従
正	囲	励	況	探	渋

(八) 漢字と送りがな (10) 2×5

1	2	3
甘やかさ	遂げる	臭い

6	7	8	9	10	11	12	13	14	15	16	17
歌謡	挑戦	寿命	駐車	静粛	粒子	漸次	捕獲	余裕	湿原	盲導犬	京

30	29	28	27	26	25	24	23	22	21	20
かまもと	も	こば	はさ	わずら	た	ちまなこ	ほのお	よい	す	ていかん

10	9	8	7	6	5	4	3	2	1
エ	ア	オ	イ	エ	ウ	ウ	ア	イ	ウ

2 × 10

15	14	13	12	11
カ	ケ	ウ	エ	イ

10	9	8	7	6	5	4	3	2	1
煮	似	韻	隠	鈍	曇	酌	借	賠	媒

2 × 10

5
及ぼし

(九) 書き取り (50)

5	4	3	2	1
督促	躍進	噴煙	打撲	栓

2 × 25

25	24	23	22	21	20	19
冠	弾	沸	丈	堀	擦	猫

学習日 月 日

／200

(一) 読み (30) 1×30

1	2	3	4	5	6	7	8	9	10	11	12	13	14	15	16	17
しゅんけつ	だきょう	きょぜつ	ふつふつ	ざしょう	さんか	りょしゅう	じょう	かんてい	いっぴん	くうばく	まてんろう	ぎんえい	ゆうしゅう	きょうらく	けいせい	しゅってい

(二) 部首 (10) 1×10

1	2	3	4	5	6	7	8	9	10
亠	⻊	扌	鳥	瓦	巾	自	舛	小	戸

(四) 四字熟語 (30) 2×10

問1 書き取り

1	2	3	4	5	6	7	8	9	10
麻	周	臨	丈	慮	客	息	威	是	乏

(五) 対義語・類義語 (20) 2×10

1	2	3	4	5	6	7	8	9	10
謙虚	近隣	下落	分裂	購入	遺憾	抹消	追憶	公表	前途

(七) 誤字訂正 (10) 2×5

	1	2	3	4	5
誤	租	到	屈	症	紋
正	疎	踏	掘	傷	門

(八) 漢字と送りがな (10) 2×5

1	2	3
脱げる	渋い	悩まさ

6	7	8	9	10	11	12	13	14	15	16	17
眺望	弁償	洞察	緩和	偶数	元凶	懐中	摂取	官僚	素朴	絵柄	宅

20	21	22	23	24	25	26	27	28	29	30
しゅうたい	とむら	わずら	たなおろ	はだぎ	つぼ	なかす	はか	さ	つい	うわ

1	2	3	4	5	6	7	8	9	10
ア	オ	エ	イ	エ	ウ	ア	エ	イ	ウ

2 ×1

11	12	13	14	15
キ	オ	カ	ア	ク

1	2	3	4	5	6	7	8	9	10
痴	致	扶	譜	糾	丘	却	脚	染	添

2 ×1

5
被っ

(九) 書き取り (50)

1	2	3	4	5
喫茶	羅列	甲	黙認	交渉

2 ×25

19	20	21	22	23	24	25
堤	但	慌	懲	血眼	狭	巡

学習日
月 日
/200

(一) 読み (30) 1×30

1	2	3	4	5	6	7	8	9	10	11	12	13	14	15	16	17
きんけい	あんかん	そうにゅう	かいきん	てんか	ぞうお	かんがん	しえん	けいがい	かんにん	ひっか	ゆうよ	ばんしゃく	さんいつ	せんぱく	げどくざい	しさく

(二) 部首 (10) 1×10

1	2	3	4	5	6	7	8	9	10
斤	力	土	尸	音	耂	車	辶	口	二

合格者平均得点 7.6/10

(四) 四字熟語 問1 書き取り (30) 2×10

1	2	3	4	5	6	7	8	9	10
蛇尾	羞花	堅固	衝天	粛正	拍手	換骨	孤軍	金科	多岐

各者 得点 5.3/0

(五) 対義語・類義語 (20) 2×10

1	2	3	4	5	6	7	8	9	10
肥沃	卑近	迅速	謙虚	酷寒	仲裁	貢献	慶賀	僧侶	威嚇

合格者平均得点 16.9/20

(七) 誤字訂正 (10) 2×5

	1	2	3	4	5
誤	派	小	元	提	必
正	把	肖	玄	偵	匹

合格者平均得点 7.4/10

(八) 漢字と送りがな (10) 2×5

1	2	3
侮ら	廃れる	著しく

6	7	8	9	10	11	12	13	14	15	16	17
会釈	雲泥	凡例	惨敗	郷愁	罪業	薫風	鉄瓶	紡	戯	蔑	日

20	21	22	23	24	25	26	27	28	29	30
だらく	つまび	しいた	かま	そで	あざけ	ねた	つら	けが	なつ	だし

合格者平均得点 27.4 / 30

1	2	3	4	5	6	7	8	9	10
ウ	ア	エ	イ	ウ	オ	ア	イ	ア	エ

2×10

合格者平均得点 15.6 / 20

11	12	13	14	15
ウ	ケ	ク	コ	ア

合格者平均得点 9.0 / 10

1	2	3	4	5	6	7	8	9	10
検疫	権益	縦隊	渋滞	清掃	星霜	琴線	金銭	棟	旨

2×10

合格者平均得点 16.7 / 20

5
衰える

合格者平均得点 9.0 / 10

(九) 書き取り (50)

1	2	3	4	5
払底	厄介	配膳	整頓	荘厳

2×25

19	20	21	22	23	24	25
憂	締	脇腹	挑	光陰	真珠	乾

合格者平均得点 41.8 / 50

学習日 月 日

/200

● 準2級受検者の年齢層別割合（2019～2021年度）

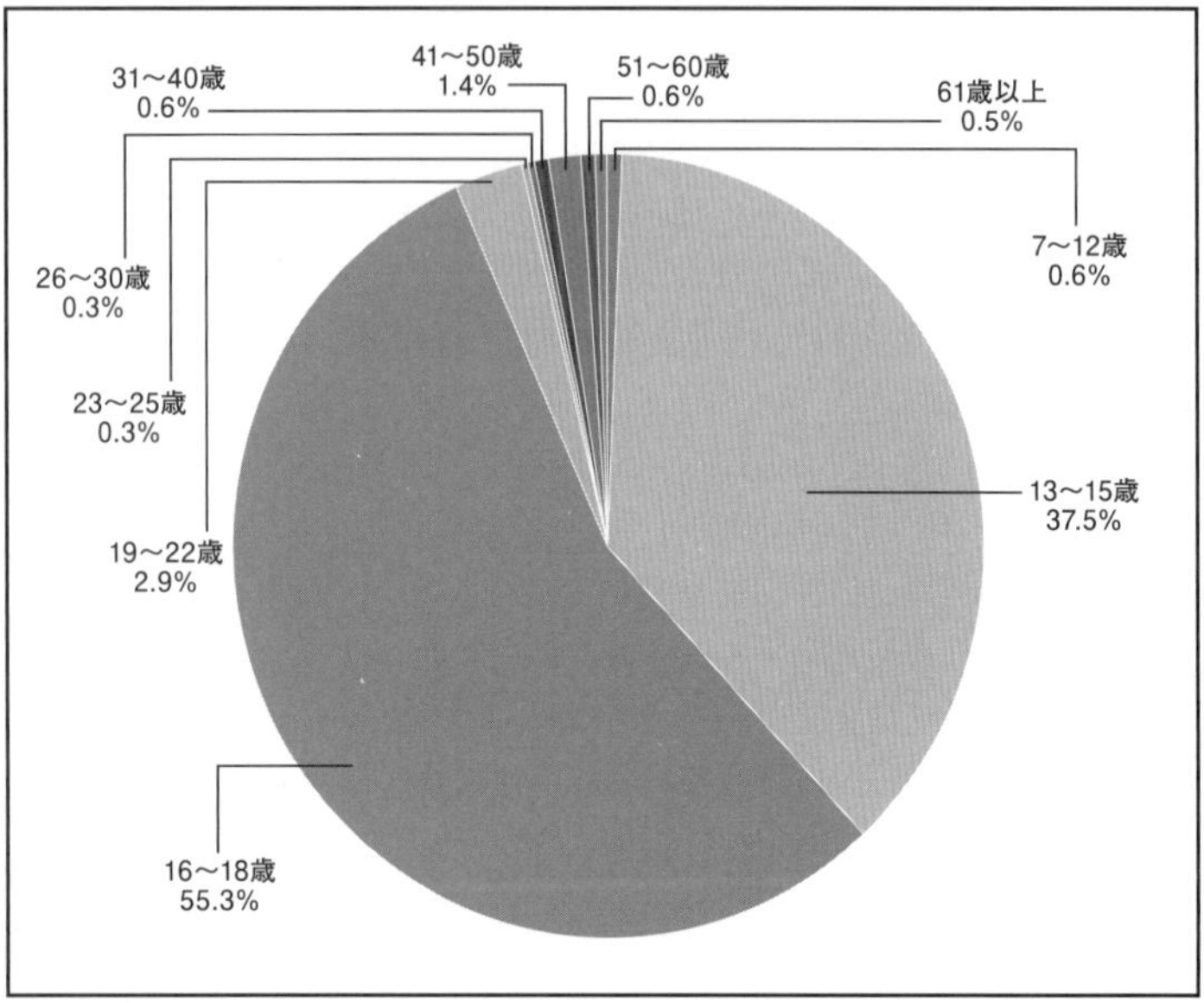

● 準2級の設問項目別正答率（試験問題 9）

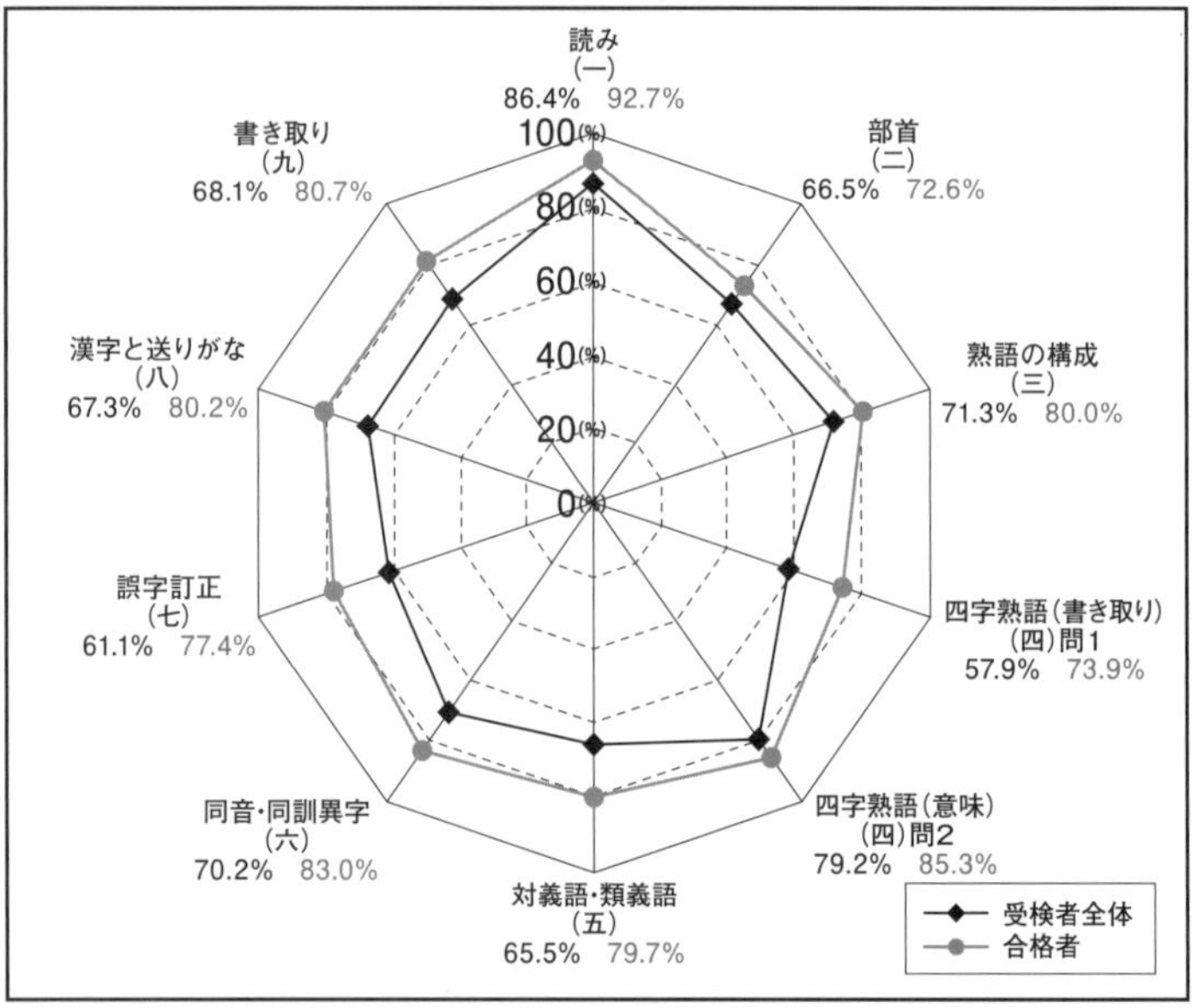

※（一）読み、（二）部首などの設問項目名は、標準解答のものと対応しています。
※枠内の数値（%）は、左側が受検者全体、右側が合格者の正答率です。